好好学习
小学生自主学习力提升第一课
——让每个小学习者都能更聪明地学习

迪贝教育◎著

北京日报出版社

图书在版编目（CIP）数据

好好学习：小学生自主学习力提升第一课 / 迪贝教育著. -- 北京：北京日报出版社, 2023.4
　ISBN 978-7-5477-4465-9

　Ⅰ.①好… Ⅱ.①迪… Ⅲ.①小学生—学习方法 Ⅳ.①G622.46

中国国家版本馆CIP数据核字(2023)第007321号

好好学习：小学生自主学习力提升第一课

出版发行：	北京日报出版社
地　　址：	北京市东城区东单三条8-16号东方广场东配楼四层
邮　　编：	100005
电　　话：	发行部：（010）65255876
	总编室：（010）65252135
印　　刷：	北京中辉印刷服务有限公司
经　　销：	各地新华书店
版　　次：	2023年4月第1版
	2023年4月第1次印刷
开　　本：	889毫米×1194毫米　1/16
印　　张：	22
字　　数：	340千字
定　　价：	148.00元

版权所有，侵权必究，未经许可，不得转载

更聪明地学习

放学回到家，你随手就把书包扔到沙发上，迫不及待地想打开电视或找朋友出去玩儿。吃完晚饭，你一点儿都不想做家庭作业，甚至想彻底忘记这件讨厌的事。晚上睡觉前，你的大脑里想的都是——还能不能再玩会儿手机，还能不能玩会儿游戏……不用怀疑，此时这样的你，并不热爱学习。

但是对此，你不用太过担心，现实生活中热爱学习的人其实并不多，很多学习者都和你一样，一说到学习，大脑就会自然地感觉痛苦和焦虑，想要快速地逃离。

虽然你并不能让自己一下子就爱上学习，但是你首先要做到的就是——尽可能让自己的大脑"开心"地学习，这样渐渐地大脑对学习才能产生兴趣。

打开手册的第一篇章，你很快就会发现自己的大脑为什么不喜欢主动学习，那是因为你的大脑还没有认知学习的价值感；为什么你会对学习产生压力，那是因为你的学习能力和你的期望差距过大；而大脑总是不自主地拖延学习任务，则是因为你想逃离学习任务带来的不舒服的感受。

这本手册在一开始，就在想尽各种学习策略让你的大脑能够开心地学习。比如：让你通过认知内驱力和自我提高内驱力，转变自己对学习的态度——从"不得不学"到"有机会学"，并且提高自己对学习的胜任感，让自己时刻感到"我能行"；SMART学习目标法，是让你针对自己目前的能力水平，制定合理的学习目标，减少学习压力；最小行动法、帕金森作业法，则是让你在处理作业时始终保持一种良好的感受……

当你的大脑能够"开心"地学习时，恭喜你，你已经在学习的道路上超越了很多人。接下来，是时候让自己的大脑更"聪明"地学习了。

虽然你已经学习了很久，但是很可能你并不了解学习，还没有学会如何聪明地学习。比如记住的知识很快就忘记了；学会的知识点不会举一反三地运用；不会深入思考，不能独立地提出问题。

这时，翻开手册第二篇章里的学习策略就能帮助你了。4种助记法可以让你用大脑喜欢的方式去记忆，而不再是死记硬背各种知识；KWLH思考法、小老师主动学习法，则是让你真正吃透一个知识，能向学霸一样举一反三；5W1H、布鲁姆、阅读三段式提问法，都是让你在面对各种学习场合时，能够自己独立地思考和分析。

其实在学习上，更让人担心的是你已经养成了假装勤奋、低效勤奋的习惯，这会让你的大脑变得越来越懒惰，所以现在我要带你进入这本手册的第三篇章，它将帮你改善学习的习惯，让大脑能够"高效"地学习。

打开第三篇章，你可以用目标听课法，从容地调节自己听课时的心理状态，养成带着问题针对性听课的习惯，在课堂上集中更多注意力；4种适时复习法，会帮你建立高效复习的习惯，让你的复习不再只是在考试前才进行的被动学习，而是在学习过程中，一种在日常、周末、月末、考前的主动回顾……聪明的学习策略实在太多了，在这里我就不一一地说给你听了，还是留着你自己去发现吧。

每个人都有不同的阅读习惯，而阅读这本书也有3种不同的方式。放轻松！任意选择你喜欢的一种方式开始就可以了。

☆ **从头到尾细细读**。认真读一遍，你的收获自然不同。而且对你最大的好处是，你可以比别人更早使用这些聪明的学习策略。

☆ **跳跃阅读**。阅读这本书可以是一件有趣的事，所以你不必非要从第一页开始按顺序读。当你发现书里的某段文字或某张图吸引了你时，你都可以先睹为快，直接阅读那一章节的内容。别担心，这样阅读并不会影响你对本书的理解。

☆ **针对性阅读**。当你遇上自己无法解决的学习困扰时，你最好赶紧翻一翻这本书，找到能帮助你的章节，仔细阅读。相信你很快就能从中找到合适的学习策略。

对了，随书还附赠了23套特别实用的学习工具，这些多种多样的创意学习工具，方便你在学习中直接使用。它们有的是日常效率表格，帮助你提升学习效率；有的是高效笔记纸，你可以提前让爸爸妈妈多多复印，装订成册使用；有的是知识海报，直接贴在房间的墙上就能随时查看……

学习是一场充满智慧和挑战的冒险。最后，我诚挚地邀请你继续翻阅这本手册，一起走上这条更聪明的学习之路吧！

目录

学习动力不足，怎么办？

为什么不愿意主动去学习？
你之所以总是习惯被爸妈催着学习，是因为自己缺失了重要的3种学习内驱力，它们分别是：认知内驱力、自我提高内驱力和附属内驱力。

学习策略1：从"不得不学"到"有机会学"（008）
学习策略2：提升自我胜任感（014）
学习策略3：分步行动（021）

学习压力太大，怎么办？

什么是引发过度学习压力的种子？
当你的能力和你的期望差距过大时，就会产生焦虑感和挫败感，这些感受就是引发过度学习压力的种子。当学习压力太大时，你首先要做的就是针对自己目前的能力水平，制定合理的学习目标。

学习策略4：SMART学习目标法（034）
学习策略5：ABC要事第一法（041）
学习策略6：3种考前积极减压法（048）
学习策略7：反思能量法（054）

总是爱拖延，怎么办？

大脑是如何拖延的？
大脑拖延的真正企图并不是逃避某个任务，而是逃避由这个任务引发的一些不舒服的感受。所以在每次处理学习任务时，你都要让大脑从始至终保持良好的感受。

学习策略8：最小行动法（064）
学习策略9：番茄工作法（069）
学习策略10：两分钟法则（076）
学习策略11：帕金森作业法（081）

让大脑"聪明"地学习

科学记忆：用大脑喜欢的方式记忆知识

记忆在大脑中是如何形成的？
记忆其实是一个过程，包括编码、存储和提取三个基本步骤。利用图像、故事或组块等方式对所学知识进行编码、存储，再有规律地提取，用这些大脑喜欢的方式记忆知识，你就会拥有"过目不忘"的本事。

学习策略12： 助记法（093）
学习策略13： 艾宾浩斯记忆法（104）

深度学习：帮助大脑更深入地理解知识

深度学习的力量
要想把所学知识吃透，更重要的是进行深度学习，也就是要引导大脑对知识进行加工和理解。你需要掌握更聪明的学习策略：把新旧知识紧密联结起来，用自己的语言或文字去教授他人。

学习策略14： KWLH思考法（114）
学习策略15： 小老师主动学习法（122）

学会提问：鼓励大脑独立思考

什么是淘金式思维？
学习的本质是学会独立思考。专心听老师讲课，记笔记，一味地吸收知识并不是学习的全部，你还需要培养自己的淘金式思维，也就是鼓励大脑积极提问、有效提问，对所学知识形成自己的思考和分析。

学习策略16： 五种探究提问词（141）
学习策略17： 布鲁姆提问法（146）
学习策略18： 5W1H提问法（150）
学习策略19： 阅读三段式提问（156）

让大脑"高效"地学习

沉浸课堂,让45分钟效率翻倍

心流体验究竟是什么?
当你做某些事情时,产生了一种全神贯注、投入忘我的状态,这就是心流。其实心流体验并不神秘,很多时候你都产生过心流体验,只不过你可能没有太注意而已。

学习策略20:学习环境创设法(172)
学习策略21:目标听课法(182)
学习策略22:高效笔记法(188)

适时复习,牢固掌握所学知识

复习是怎样给知识链打上记忆结的?
知识链就像是一条把学习内容组织成环环相扣的知识链条,而知识是上面的珠子,要想让知识牢固地留在上面,你需要给知识打上结,也就是复习。

学习策略23:日常检视复习法(204)
学习策略24:周末分类复习法(211)
学习策略25:月末自测复习法(220)
学习策略26:考前时间计划法(227)

刻意练习,成为专项小专家

天真的练习 vs 刻意练习
要想成为某一方面的专家,你需要的是刻意练习而不是天真的练习。如果你仍然习惯一味地埋头干,反复地做某件事情,那你可能正处于天真的练习阶段,这会让你很难取得进步。而在学习过程中,及时、持续有反馈的练习才会产生好的学习效果,这就是刻意练习。

学习策略27:刻意练习6步法(237)

学习平衡轮，对偏科说再见

木桶效应
一只木桶盛水的多少，并不取决于桶壁上最高的那块木板，而恰恰取决于它最短的那块木板。这就像学习一样，要想取得好成绩，你就必须补上自己学习中那块最短的木板。

学习策略28：平衡轮自检法（258）
学习策略29：学习储蓄法（264）

让大脑"开心"地学习

学习动力不足，怎么办？

你是不是也会像阿力一样，平时只要做起和学习相关的事就毫无动力，还总是想：

但是当有奖励或者夸奖突然来临时，你的学习动力又会猛然上涨，比如：

可是这种学习动力来得快,去得也快,当奖励或者夸奖消失时,你就会——

恢复原状

我也不知道为什么,但是我一听到有奖励,或者被夸奖,就感觉浑身充满了学习的力量。

唉,可惜维持不了多长时间。

其实这都是学习内驱力不足惹的祸。

为什么不愿意主动去学习?

美国心理学家戴维·奥苏贝尔提出,一个人的学习内驱力分为3种,分别是:

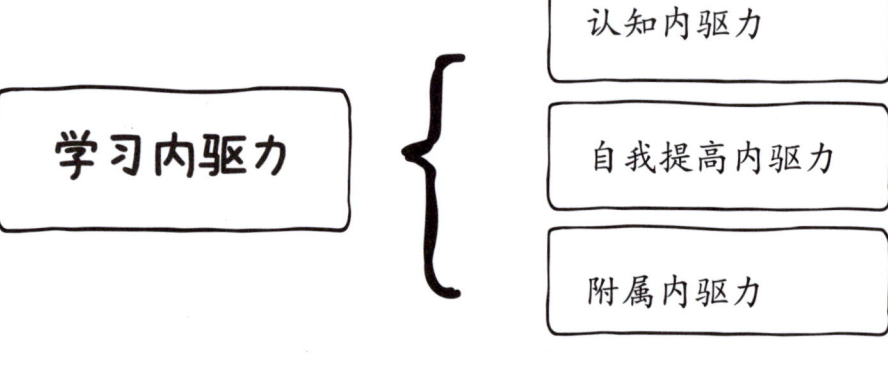

其实,那些让你的学习动力来得快、去得也快的奖励和夸奖就是附属内驱力。

附属内驱力会给你带来突然的刺激,让你发奋努力,但缺点就是持续性不足,所以你需要更持久的学习内驱力。

认知内驱力来源于你的兴趣,你需要明白自己为什么学习,对学习知识本身充满求知的欲望。

而自我提高内驱力则是通过自己的努力去胜任学习,为取得的学习成就而感到满足。

翻到下一页,看看具体怎么做吧!

从"不得不学"到"有机会学"

> 当驱动你学习的理由从"不得不学"到"有机会学",你的大脑也就从生存型大脑转变为学习型大脑,这样你的认知驱动力才能被充分地激发出来。

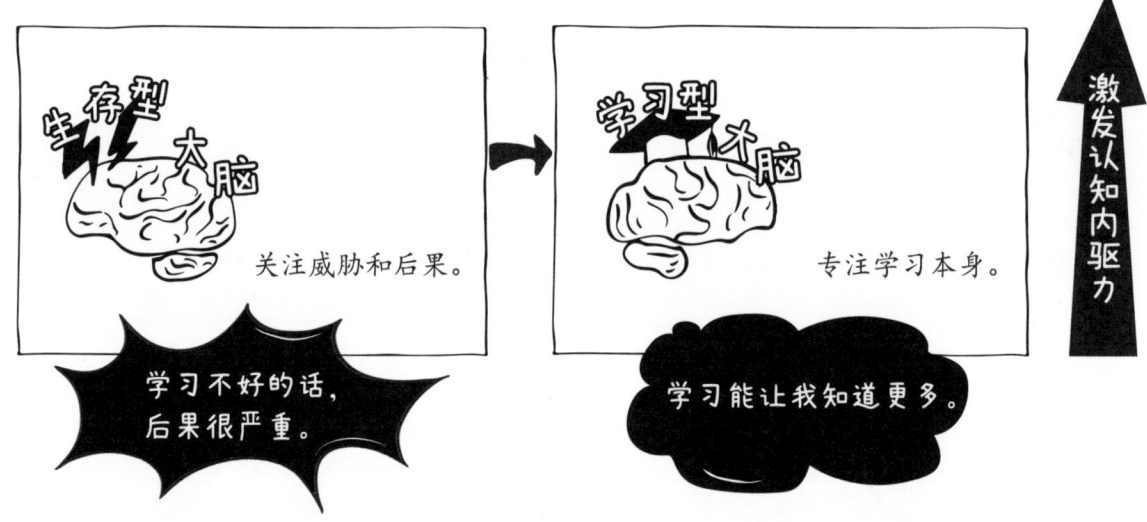

你有没有想过这个问题

或许你听过大人们给出的各种各样的答案，比如：

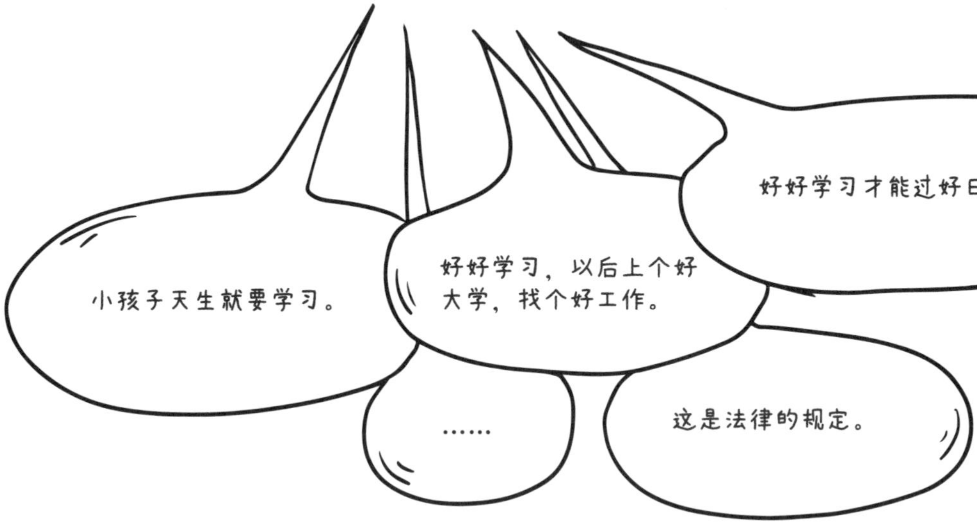

小孩子天生就要学习。

好好学习，以后上个好大学，找个好工作。

好好学习才能过好日子。

……

这是法律的规定。

总而言之，就是不得不学。

但是你真的会因为这些不得不学的理由而产生强烈的学习内驱力吗?

大人们提出的这些不得不学的理由，只是大人们的想法，你需要转换想法，从"不得不学"到"有机会学"。

当然，想法不是一下子就能转变的。你可以试试像下面这样做，帮助自己顺利地从"不得不学"转换到"有机会学"。

1. 想象学习给你带来的具体价值。

比如：

> 我每天必须坚持阅读1小时，否则别想出去玩。

→ 每天1小时的阅读时光，能让我收获更多知识。

> 一定要考出好成绩，不然爸爸妈妈会觉得很没有面子。

→ 考试是对前一段学习的检验，考试能让我找到提升的目标。

这就是把父母对你学习的督促，转变为你对学习带来具体改变的期待。

2. 想象你所学习的东西对他人、对社会的价值。

很多时候，当你所学的东西能够帮助他人，甚至在你长大后能为社会做出贡献时，你内心也会充满学习的力量。

3. 想象成功时的画面。

你可以想象自己在学习上取得好成绩时，父母、老师、同学们对你的祝贺，想象自己获得奖状时的兴奋心情……这些想象都会让你产生积极的期望。

如何从"不得不学"到"有机会学"?

不得不学
好好学习,以后上个好大学,找个好工作。

有机会学
好好学习能让我了解更多宇宙的奥秘,将来也能为人类的航天事业贡献力量。

转换方法
1. 想象学习给你带来的具体价值。
2. 想象你所学习的东西对他人、对社会的价值。
3. 想象成功时的画面。

提升自我胜任感

在学习中,高自我胜任感的你会相信自己的学习能力,认为自己能够完成遇上的学习任务。于是你就会越努力,越愿意主动付出,哪怕遇上困难,也会选择坚持。

想一想，在学习中你是不是经常会给自己打上 我不行 的标签，比如：

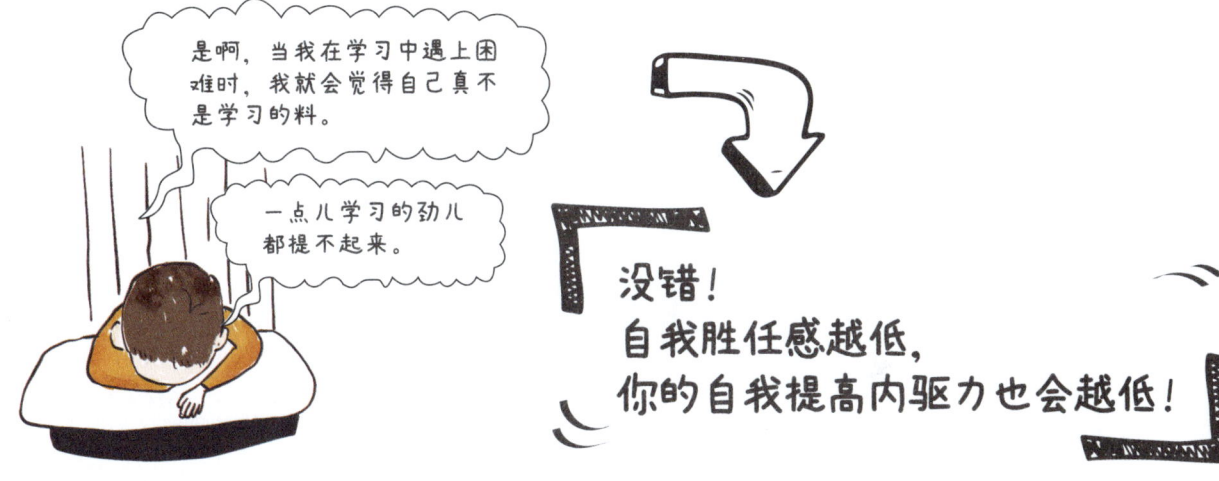

是啊，当我在学习中遇上困难时，我就会觉得自己真不是学习的料。

一点儿学习的劲儿都提不起来。

没错！
自我胜任感越低，
你的自我提高内驱力也会越低！

> 那怎么提高自我胜任感呢?

一个人的自我胜任感来源于4个方面。

来源1：自己曾经的成功经验。

一般来说，不断积累的成功经验会让你更加自信。因为这是你的亲身体验，所以它对你的影响更大。

当你获得成功时，你可以把自己的成功归因于内部的、可控的因素，比如曾经付出的努力。

试着这样总结你的成功经验

> 我取得了什么样的成功？
> 我做对了哪些事情？

> 我来试着总结一下吧，我曾经获得了数学速算的第一名。

> 我当时突击学习了速算技巧，而且每天都要进行1个小时的强化训练。

来源2：他人的成功经验。

看到你的同学、朋友或者其他人取得成功时，你是什么感觉呢？

> 我会很羡慕他们，也会想"要是我也能像他们那样就好了"。

优秀的人会给你带来榜样的力量，特别是当你看到与自己学习水平差不多的人取得成功时，你更能坚信自己同样可以做到。

班尼斯特效应

在4分钟内跑完1英里曾经被认为是一件不可能做到的事情，后来一名叫罗杰·班尼斯特的人用3分59秒4跑完了1英里。至此之后，越来越多的运动员开始相信这是能做到的，并且他们也真的做到了。

一定别忘了去发现他人取得成功的过程和细节,这些才是真正需要你学习的地方。

试着这样学习他人的成功经验

上次悠悠的英语演讲很棒!我发现她在练习时,总是先用手机录下来,然后反复地看,找出自己不足的地方。

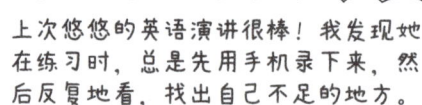

我要向谁学习?
我发现他/她做了什么?

来源3:他人对你的积极反馈。

比起积极的反馈,你的大脑总是更容易关注学习中的消极反馈。

为什么会这样?

这就是大脑消极偏好的影响

消极的反馈会给你的大脑造成更大的震撼，所以你就会对消极的反馈更为敏感和注意。

但是，千万记得，那些积极的反馈才是他人为你精心准备的礼物。

试着这样收集他人对你的积极反馈

我收到了什么积极反馈？
他/她认为我做到了什么？

来源4：自己付出的精力和时间。

感知自己付出的精力和时间，可以让你更清楚地看到努力和勤奋才是获得成功的基石。

同时，你也会更加坚信——通过努力，自己可以克服任何困难，迎接更多挑战。

试着这样感知自己付出的精力和时间

我获得了怎样的进步/成功？
我付出了哪些精力和时间？

如何提升自我胜任感？

1

总结自己曾经的成功经验

- 我取得了什么样的成功？
- 我做对了哪些事情？

2

学习他人的成功经验

- 我要向谁学习？
- 我发现他/她做了什么？

3

收集他人给予的积极反馈

- 我收到了什么积极反馈？
- 他/她认为我做到了什么？

4

感知自己付出的精力和时间

- 我获得了怎样的进步/成功？
- 我付出了哪些精力和时间？

分步行动

分步行动就是让你把大目标分解成一个个小目标,通过积累这些小目标胜利后的成就感,不断提升自己的胜任感,最终拥有强大的自我提高内驱力,去完成大目标。

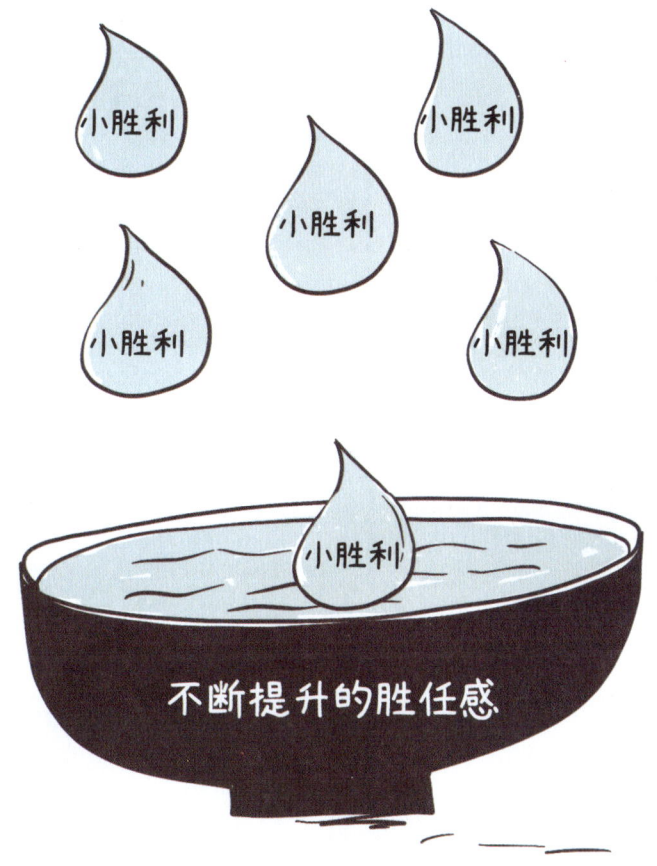

原来胜任感也是可以积累出来的。

没错！

当你总能获得胜利后的成就感时，那你的自我胜任感就会越来越高，这就是所谓的 胜利者效应。

成功哪有那么容易啊，我过去有那么多目标，可是成功的没几个。

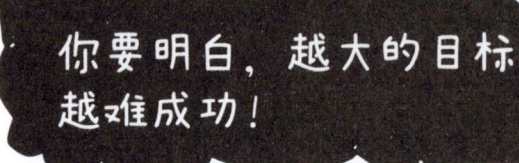

你要明白，越大的目标越难成功！

但是胜利者效应又需要你不断地积累胜利后的成就感，所以这就需要你去分解自己的大目标。

洋葱芯就像你定下的大目标,而洋葱芯外面的每一层就是你从大目标中分解出来的一个个小目标、更小目标……直到即时目标(也就是知道自己马上应该做什么事情),然后你就可以从最外层的即时目标开始,朝着你的洋葱芯——大目标行动哟。

小贴士

目标拆解时,除了可以按照目标的大小,从大到小拆解;也可以按照目标实现的时间顺序,由远及近排列,比如:长期目标→中期目标→短期目标。

假如你的大目标是暑假1个月读完4本课外书。

如果你只盯着这个大目标看，就会觉得这实在是太难了，最后很可能会在失败后变得失落。

而现在，你可以用前面提到的剥洋葱法去分解你的大目标。

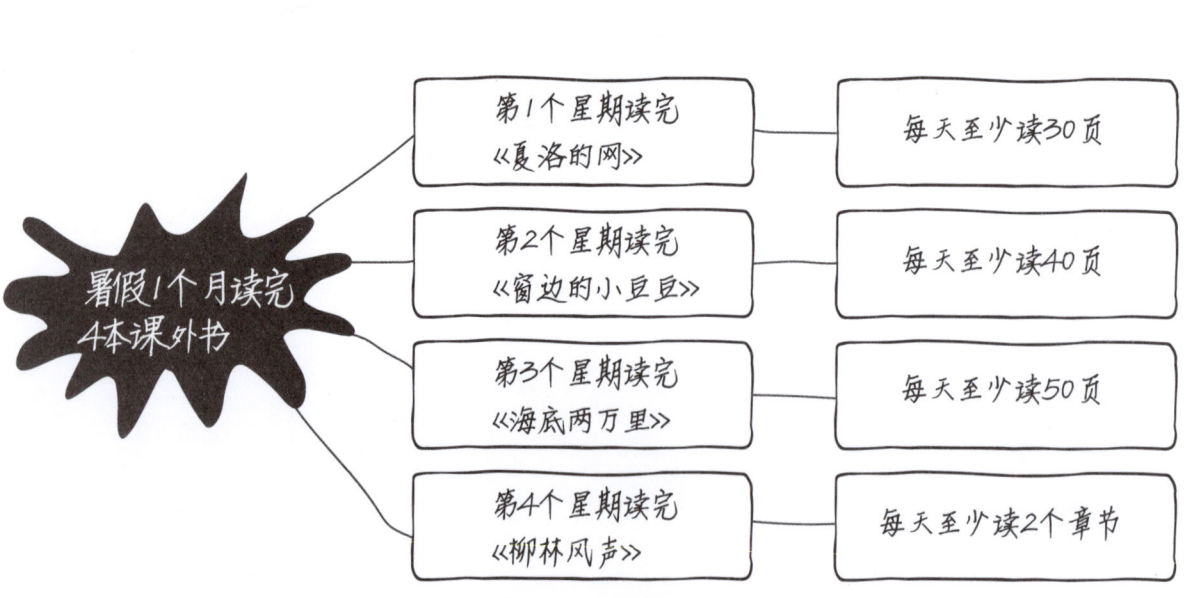

如何拆分大目标?

学习压力太大，怎么办？

刚刚升入四年级的小美,感觉学习的压力一下子变大了,人也变得焦虑起来。

巨大学习压力下的小美

其实学习压力人人都有,它可能是突然出现的,就像小美这样进入了新年级,学习难度突然加大。

或者是

下周我们进行一次小测验。

啊~

突然面临的考试压力

也可能是日积月累形成的，比如：

每天繁重的作业压力

唉，又要做这么多作业，真是烦死了！

学习压力可真是一个坏家伙，真想让它永远远离我！

其实，有点儿学习压力并不是一件坏事儿！

有时候，适度的学习压力会转化为学习的动力，让你快速行动起来。

比如，马上就要期末考试了，你就会立刻行动，让自己赶紧投入复习中……

假期快结束了，你就会集中注意力，快速把没有写完的假期作业做完。

但是大多数时候，总是有过度的学习压力跟随着你！

什么是引发过度学习压力的种子？

一位著名作家曾说过:"人的一切痛苦,本质上都是对自己无能的愤怒。"

其实过度的学习压力也是如此,根源就在于你想要的和你的能力之间差距过大。

你可能总是急于求成,一下子想完成很多事情。

或者总想快速实现一个很高的学习目标。

长此以往,你在面对越来越多的学习任务时就会变得更加焦躁。也会因为总是实现不了学习目标,不断产生挫败感,学习压力因此越来越大。

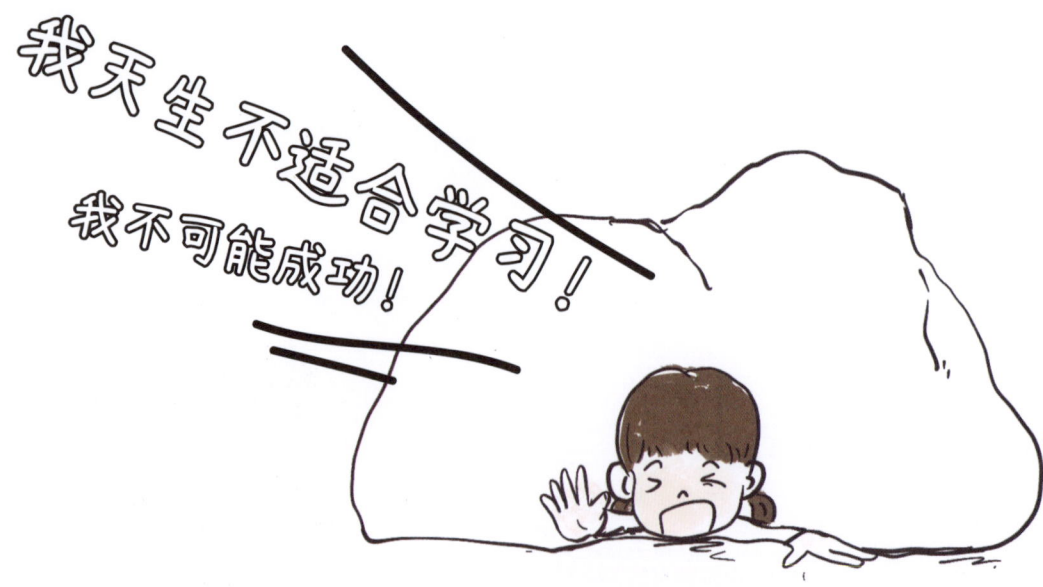

当然可以，简单说就是——

 看清自己目前的能力水平，制定合理的学习目标。

 要事优先，先完成重要且紧急的学习任务。

 有效减压，打造好自己的学习心境。

 提高抗挫能力，看到自我成长而不是积累压力。

翻到下一页，看看具体怎么做吧！

SMART学习目标法

> SMART是一种有效的目标设定工具,它可以帮助你设定一个符合自己的学习能力水平,经过一步步努力就有可能达成的、具体、合理的学习目标。

学习中产生的过度压力,有时候是因为你盲目地把学习目标设置得过高。

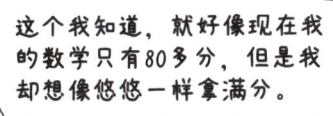

这个我知道,就好像现在我的数学只有80多分,但是我却想像悠悠一样拿满分。

这对我来说太困难了。

没错!

一个合理的学习目标非常重要,它会让你在每一次进步中获得成功体验,从而满怀信心地向下一个目标迈进。

那SMART学习目标法就可以帮助我制订一个合理的学习目标吗?

是的

说来也巧,SMART在英文里是聪明的意思,所以SMART学习目标法也可以被称为聪明的学习目标法。

那具体该怎么做呢？

很简单，SMART学习目标法有自己的5个原则，它们分别是——

S Specific 目标是具体的

M Measurable 目标是可衡量

A Attainable 目标是可实现的

R Relevant 目标是有相关性的

T Time-bound 目标是有时限的

比如，你看到同桌悠悠的数学考了100分，一下子就心气高地给自己也定个考100分的目标，但是这与你目前的数学学习能力并不相符。

那你定的这个学习目标就有点儿不切实际，你也会很容易因为达不成目标而感到挫败。

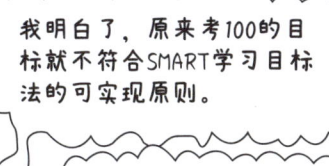

我明白了，原来考100的目标就不符合SMART学习目标法的可实现原则。

或许我先考到90分也挺不错的。

没错！！！

当然，除了可实现原则外，你还要多多关注其他四个原则。

1. 目标是具体的。

用具体的语言明确描述出想要达到的结果，你的目标才能变得具体起来。

比如，如果你只是想提高数学成绩，这个目标就非常模糊。但是数学考试考到90分，就是一个具体的目标。

2. 目标是可衡量的。

一个可衡量的目标要有明确的数字、清晰的进度……在达到目标的过程中，你还可以进行目标分解，分阶段实现目标。

比如，你想数学考试考到90分，经过分析后，你发现自己在数学应用题上失分最多，那就可以先主攻应用题。

我可以每天练习3道典型的应用题，争取应用题多得5分。

3.目标是有相关性的。

这个很容易理解,比如我想数学考高分,我就不能天天去练字,这和我的学习目标不相关。

没错,就是这样!

4.目标是有时限的。

你还需要为自己的目标设定一个完成时间。比如,数学成绩达到90分这个目标是在月末考试、期中考试还是期末考试中实现?

月末考试马上就要开始了,明显来不及。

而现在离期末考试的时间还有很久,所以我认为设定在期中考试中实现最为合适。

最后,小美的学习目标从一开始的

数学考到100分

变成了

每天练习3道典型的数学应用题,争取在期中数学考试中应用题多得5分,总分达到90分。

SMART学习目标法的5个原则

| Specific | Measurable | Attainable | Relevant | Time-bound |
| 具体的 | 可衡量的 | 可实现的 | 有相关性的 | 有时限的 |

小美制定的SMART学习目标：每天练习3道典型的数学应用题，争取在期中数学考试中应用题多得5分，总分达到90分。

ABC要事第一法

> ABC要事第一法依据事情的重要程度和紧急程度，把你每天要完成的大大小小的学习任务分成A、B、C三类，让你做到有轻重缓急、从容不迫地完成一天的学习任务。

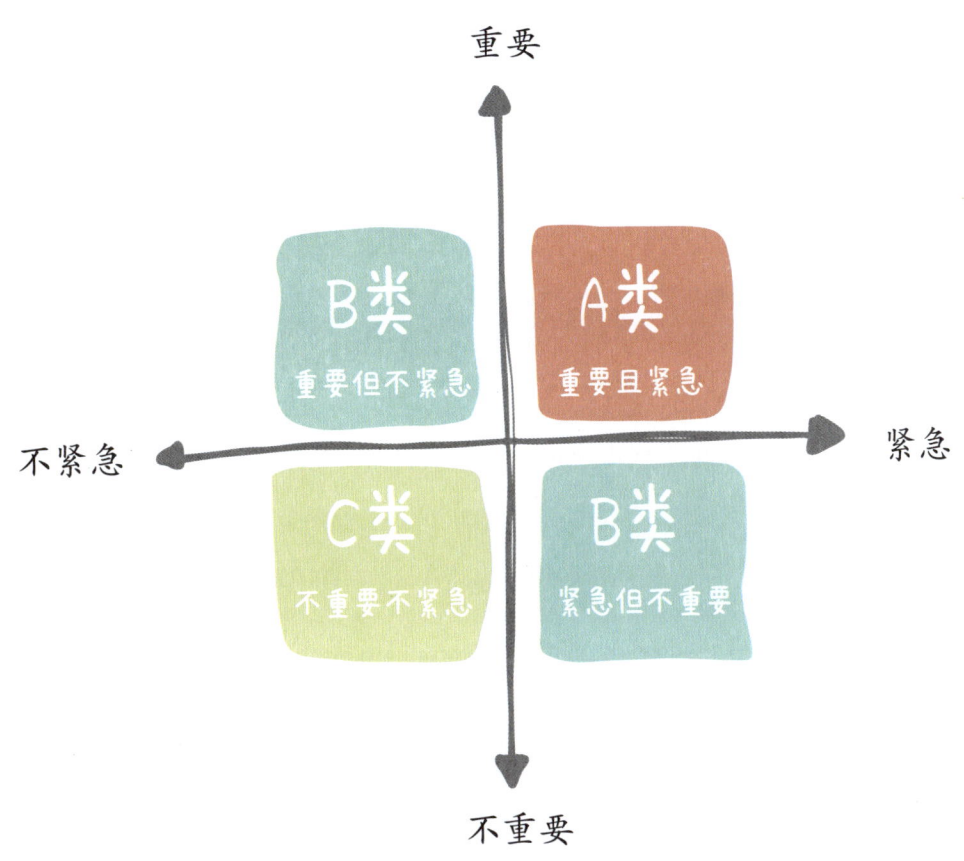

每天的学习任务就像一块块大小不一的石头和细小的沙粒，而你的时间则是一个固定大小的瓶子。

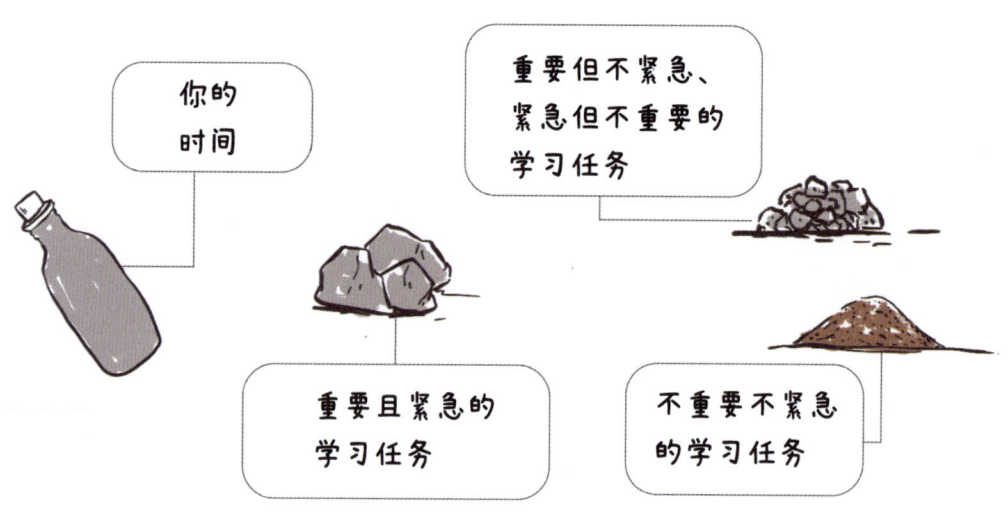

想象一下，怎样才能在你的时间瓶子里轻松地装下这些石头和沙粒呢？

> 如果先装沙粒的话,最后那些石头可能就不好装进去了。

最好的办法就是先把大石头、小石头分别装进去,最后再从大小石块的缝隙中把沙子倒进去。

ABC要事第一法其实也是如此。

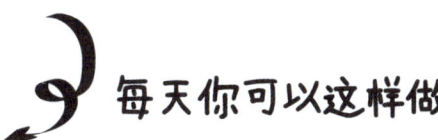

每天你可以这样做

1. 先完成"重要且紧急"的A类学习任务。

2. 再完成"重要但不紧急"和"紧急但不重要"的B类学习任务。

3. 最后完成"不重要不紧急"的C类任务。

先完成重要且紧急的A类学习任务,这一点相信你会很容易理解。

比如,上课的时候你就要紧跟着老师的思路认真听讲,这时候写家庭作业就是错误的。

没错,这一点很容易理解,让我疑惑的是B类学习任务。

别着急,现在就来看看B类学习任务。

"重要但不紧急"

比如,你计划每天阅读30分钟,阅读很重要,但却不是一件紧急的事情,你就可以把它安排在完成所有A类学习任务之后再做。

紧急但不重要

而对于紧急但不重要的学习任务，你可以想想能不能先记下来，推后完成，或者想想有没有其他人可以代你完成。

紧急但不重要的学习任务
- 推后完成
- 代你完成

比如，你正忙着写作业时，同学正南打电话给你，让你通知小组同学后天的集合时间。

但是如果前面的方法都不行的话，那你就要在完成这件事后，快速回到自己的A类学习任务中。

太好了，这么一说我就明白了。

现在再来看看C类学习任务

针对C类不重要又不紧急的学习任务，你就可以根据每天A、B类学习任务的完成情况来决定要不要做。

如果你还有多余的时间和精力，就可以考虑做一做，比如练字、画画……

如何用ABC要事第一法完成每天大大小小的学习任务？

针对重要但不紧急的B类学习任务，你可以安排在A类学习任务后完成。

针对A类学习任务，你必须第一时间完成。

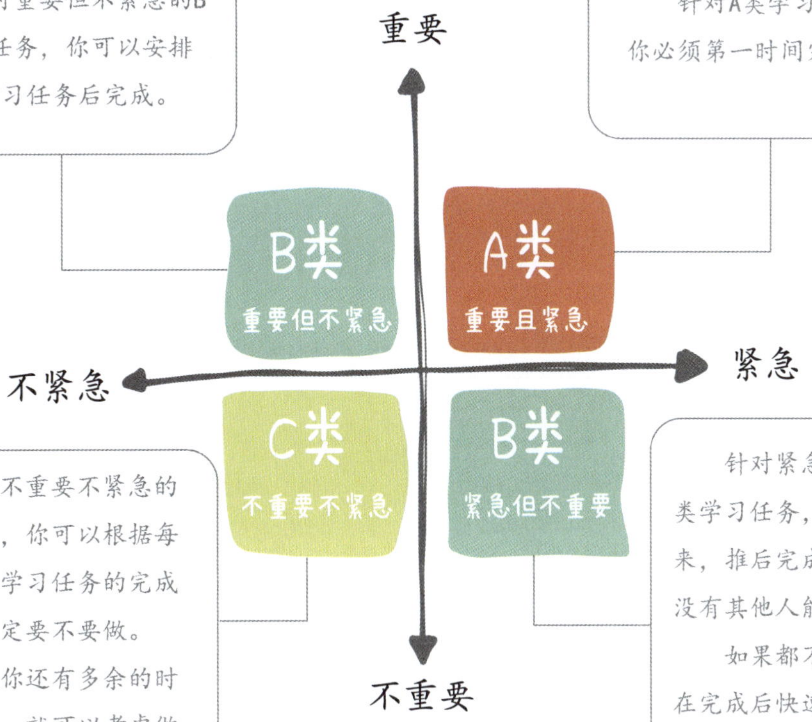

重要

B类 重要但不紧急

A类 重要且紧急

不紧急 ← → **紧急**

C类 不重要不紧急

B类 紧急但不重要

不重要

针对不重要不紧急的学习任务，你可以根据每天A、B类学习任务的完成情况来决定要不要做。

如果你还有多余的时间和精力，就可以考虑做一做。

针对紧急但不重要的B类学习任务，你可以先记下来，推后完成，或者看看有没有其他人能代你完成。

如果都不行的话，那就在完成后快速回到A类学习任务中。

3种考前积极减压法

科学的减压法可以让你在考前感觉相对放松，相信自己的努力，并把考试只是当作展示自我努力成果的一种形式，为自己打造一个良好的学习心境。

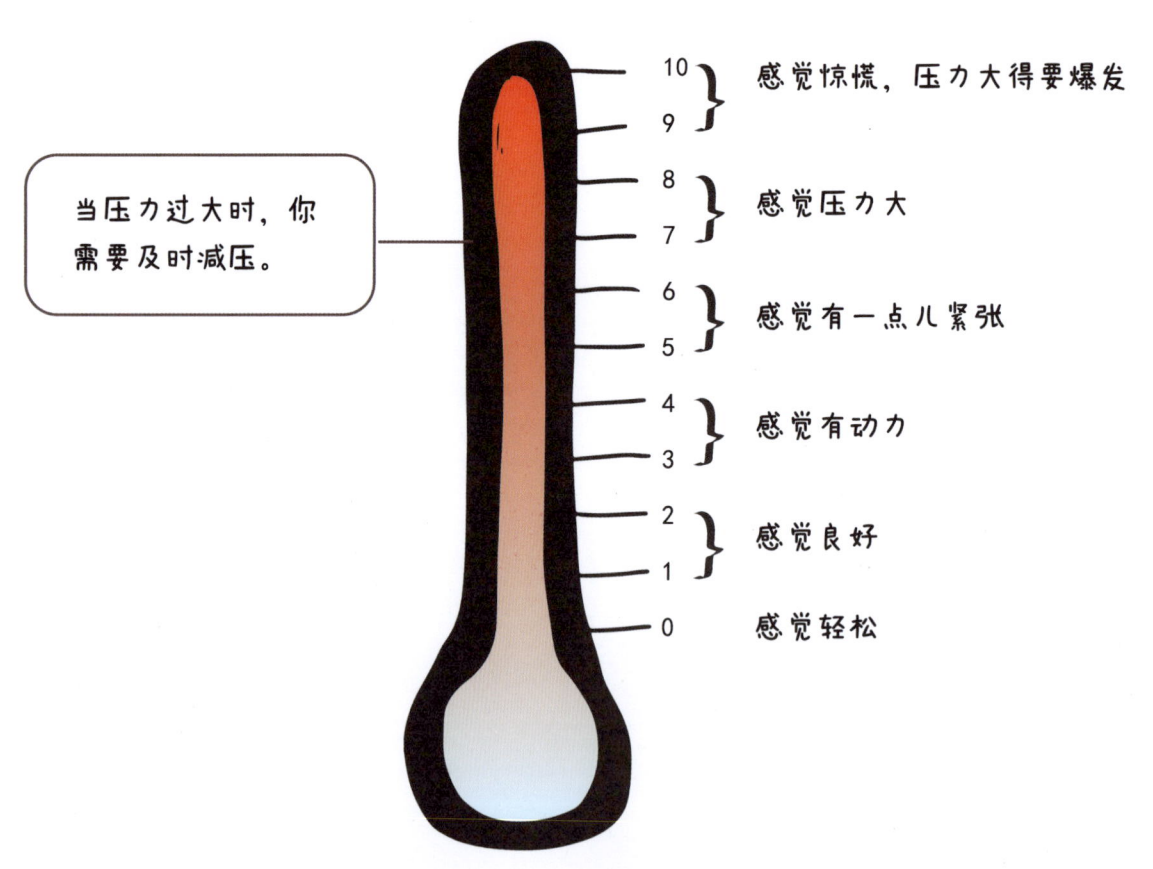

每次考试前我都有很大的压力，有时候我会担心得睡不着觉……

作为一名学生，有一种学习压力你总是逃不开，那就是——考试压力。

有时候，你的考试压力来源于你没有做好考前的复习准备，你提前就预感自己一定不会取得一个好成绩。

如果是这样

> 那你只需要在下次考试前，给自己安排好充足的复习时间。

但是大多数时候，即使你知道自己已经努力复习过了，但是仍然因为要面对考试而担心、焦虑。

- 天啊，我不能把所有内容都复习完！
- 万一考砸了怎么办？
- 我要是在考试时把这个公式忘了怎么办？
- ……

对抗压力最厉害的武器，就是转变你的想法。

所以考前减压的第1个方法就是—— **练习积极暗示**

很简单，就是用积极的想法去代替脑子中那些消极的想法。

具体应该怎么做呢？

考前积极暗示的语言

"我已经努力复习过了，这次考试我肯定能发挥出色。"

"我不需要得第一名，只需要做到最好的自己。"

"我有信心考出好成绩。"

"有些题目不会做也没关系，我已经会做很多题目了。"

……

注意，千万不要在对自己的暗示中加入更大的压力。

比如"这次考试考得好的话，妈妈就会给我买新自行车了"，这样你的压力只会更大！

这些积极的暗示你除了可以放在心里，自己对自己默念，还可以<u>做成海报或者小纸条</u>，把它们贴在自己的学习区，为自己打造一个积极的视觉提醒区。

考前减压的第2个方法——**寻找合适的倾诉对象**

在倾诉压力的过程中，你更容易发现自己感受到压力的具体原因，也可以清晰整理自己的思路，觉察到自己内心的需要。

<u>你可以向家人、朋友、老师</u>等值得信赖的人倾诉，相信他们总会给你提供一些帮助，缓解你的压力。

考前减压的第3个方法—— 有规律的运动

在强大的压力下，身体里分泌的肾上腺素就会超过一定的数量，这会阻碍你的思考，让你的情绪变得冲动。

而有规律的运动能够帮助你的身体消除过剩的肾上腺素，你的身体会更加强健，大脑更加灵活。在遭遇压力时，你也能更轻松地战胜压力。

3种考前积极减压法

注意：
1. 千万不要在对自己的暗示中加入更大的压力。
2. 可以打造一个积极的视觉提醒区。

1 练习积极暗示

2 寻找合适的倾诉对象

注意：
1. 你可以向家人、朋友、老师等值得信赖的人倾诉。
2. 在倾诉的过程中，发现自己感受到压力的具体原因和内心的真正需要。

3 有规律的运动

注意：
用规律、积极的运动去消除多余的肾上腺素。

反思能量法

> "失败是成功之母",其实这其中就是反思起了决定性作用。不断反思,这种自我回顾能为你提供自我成长的能量。

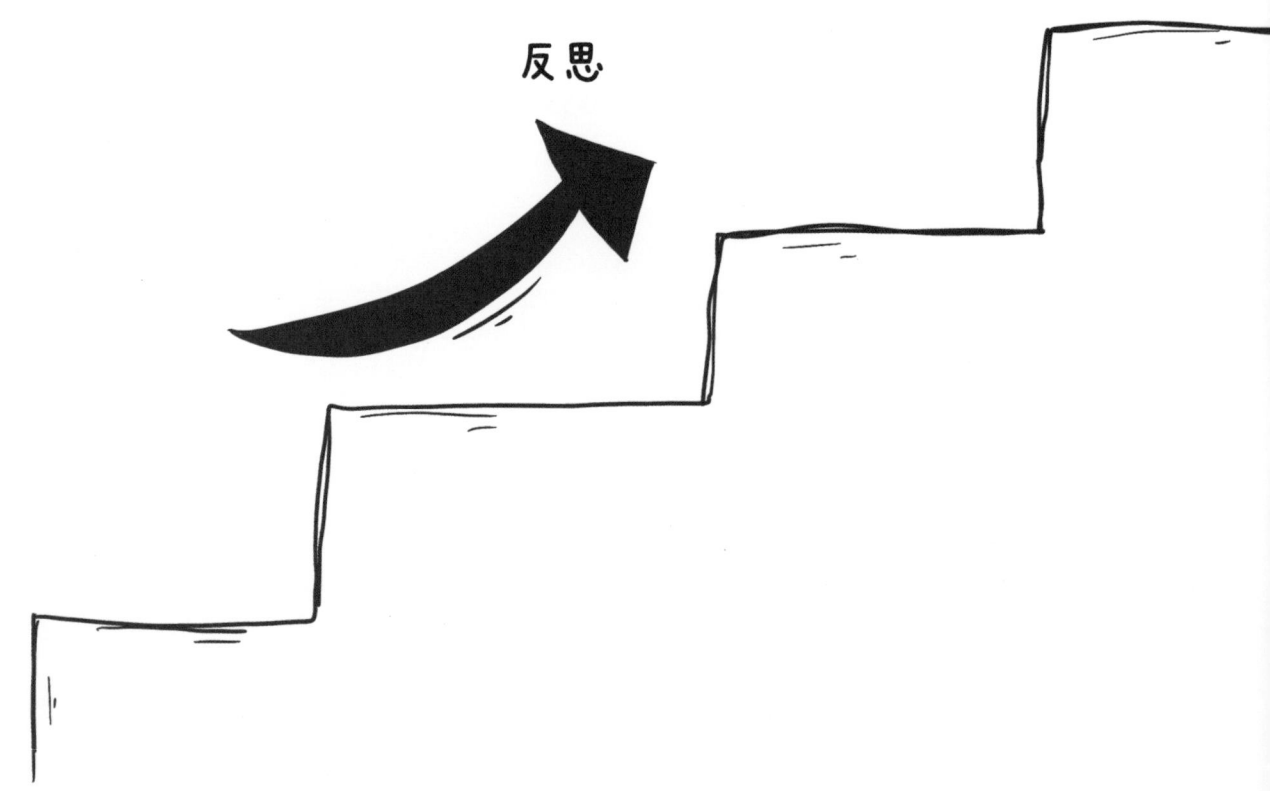

你知道吗？在过去的学习中遭遇的失败和挫折也会让你产生压力。

比如

考试总是考不好
被爸爸妈妈数落
被老师批评
……

如果你不能很好地面对这些失败和挫折，就很容易掉入  习得性无助 的陷阱。

什么是习得性无助

心理学实验发现，当一个人经历多次失败和挫折时就会变得沮丧、消沉，不断地否定自己，因为害怕失败而想逃避困难和挑战。

是啊，当我的数学总是考不好时，我就觉得自己真是不适合学习数学！

甚至一听要数学考试时，我就压力大得想要逃跑。

你不应该只是从失败与挫折中积累压力，而应该借助反思汲取能量，确保下次能够做得更好。

那我应该怎样反思呢?

你可以试试这样做

1.想一想现在不好的结果是什么。

对于我来说,现在不好的结果就是我的数学只考了82分。

2.想一想过去不好的行为是什么。

我每天都会把大部分时间花在语文的学习上,最后才花一点儿时间赶着做数学作业。

3.想一想过去不好的想法是什么。

我想着只要能把数学作业做完就行了。

你发现了吗？正是因为你头脑中不好的想法，促使你做出了不好的行为，最后得到了不好的结果。

而借助反思，你才能主动去发现遭遇失败和挫折的真正根源在哪里，如何做才能更接近成功。

我明白了，数学光靠急急忙忙地完成作业是不够的，我还需要付出更多的努力。

我首先得认真地完成每次的数学作业，遇到问题及时解决，另外还需要做一些专项突破练习。

遭遇失败和挫折后如何反思？

总是爱拖延，怎么办？

这种情景你是不是也很熟悉：学校布置的作业不多，可你就是懒得动手，本来可以很快就完成的作业，却非要一拖再拖。

"拖拉斯基"可真不少！

- 好烦啊，可不可以不写啊？
- 先干点别的，放松一下。
- 还是先玩吧，反正还有时间呢！
- 最后几天写也来得及，现在不用管。
- 这么多作业，看着都不想动笔。

其实不光是你，很多小孩都喜欢拖延，当面对不想做的任务时，就会告诉自己等一会儿再做这个。

也许你还不知道——拖延已经严重影响你的学习和生活了！

拖延的后果，可怕极了！

"被父母不停地催促。"

怎么还没写完？不要磨蹭了！

"学习上受挫。"

考得这么差，怎么跟妈妈交差呀？

"变得不自信。"

唉，我真是太没用了！

我也知道拖延不好，可还是忍不住拖延，为什么会这样呢？

答案，其实就在你的大脑中！

拖延行为可以追溯到大脑的工作机制上——也就是拖延机制。

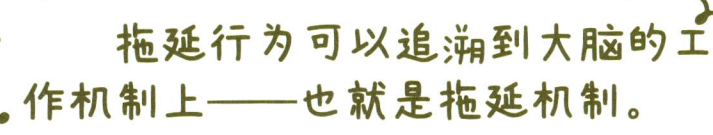

大脑是如何拖延的？

想想让你拖延的都是些什么事？

也许触发每个人的拖延症的事件各不相同，但有一点是一致的，那就是让你碰到了感到不安或者困难的事情。

你知道吗？每当你面对一个不想做的事情时，大脑就会在这个时候自动产生出一种叫作拖延的机制来保护你，让你晚一些再采取行动。

大脑的拖延机制

要想克服拖延，下面这4招可以帮助你。

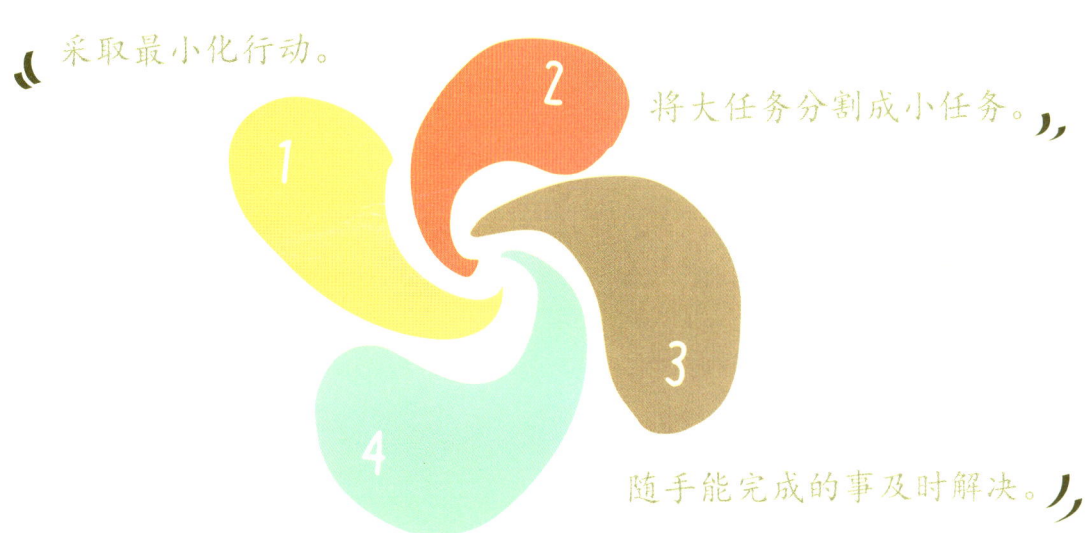

1. 采取最小化行动。
2. 将大任务分割成小任务。
3. 随手能完成的事及时解决。
4. 为任务设置倒计时天数。

快来看看具体怎么做吧！

最小行动法

> 最小行动法能让你利用可以立刻行动起来的微小动作，马上开始写作业。它告诉你，无论是多小的行为，都是在切实地向着自己设定的目标前进。

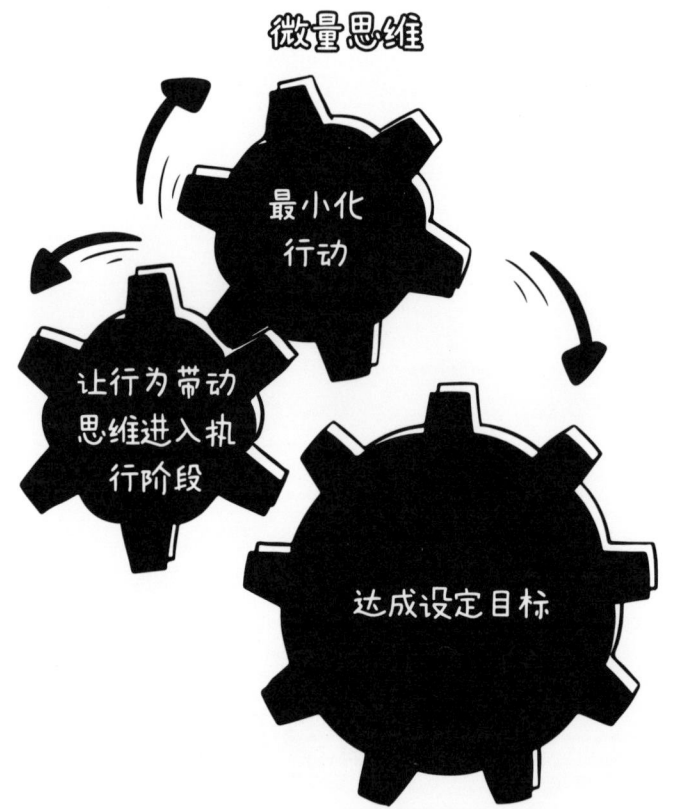

人类喜欢做能确定的、有控制感、简单化的事情。

哇!我真是太需要这个方法了!那该怎么让自己马上开始写作业呢?

别急,一起看看!

要想让自己快速进入写作业的状态,你可以从这3个要点入手。

你需要掌握的第1个要点是—— **建立紧迫感**

在确信自己应该行动起来之后,你心中要产生一种紧迫感。比如,你可以这样问你自己:"我最快什么时候能开始写作业?"

耶,准备完毕!

与此同时,你可以迅速坐到桌前,拿出笔和作业本。这些快速准备可以让你紧迫起来,并能从心理上减少对写作业的恐惧。

你需要掌握的第2个要点是—— **制订一个最小行动计划**

当你意识到自己已经准备好写作业了,那么你可以先制订一个最易解决的小任务,然后在"最小行动清单"上写下来。

接下来,你就只需要执行自己制订的最小行动计划了。比如:你计划好做一道选择题,那你就应该立刻去做这个事情。

你需要掌握的第3个要点是—— 将任务可视化

完成一个最小行动后,你就可以用红笔将其在清单上划掉,这样的方式可以把计划完成的进度变得更可视化,你也会更有成就感。

我的最小行动计划

~~数学:做一道选择题~~

语文:练习一个生字

英语:背一个单词

小贴士

家庭作业并不意味着你只能回家后才去做。事实上,你在任何等待的空闲时间,都可以做一点儿家庭作业,哪怕写得很少,也是你朝目标迈出的一小步。

画重点

将任务可视化

用红笔将已经完成的最小行动划掉。

最小行动法的3个要点

制订一个最小行动计划

制订一个最易完成的小任务。

建立紧迫感

通过快速准备，在心中产生一种紧迫感。

番茄工作法

番茄工作法能帮你把作业中的大任务分割成小任务，提升你写作业的专注度和时间利用率，让你打败拖延，远离分神。

番茄工作法示意图

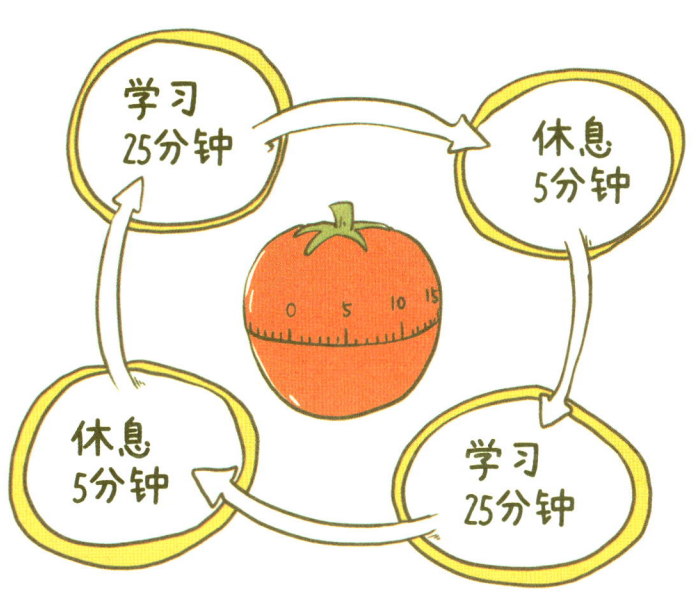

番茄工作法是一种时间管理法，它最先的提出者就是使用一个形状像番茄的定时器来分割出一个25分钟的工作时间和5分钟的休息时间。

哈，原来是形状像番茄的定时器，我还以为是吃的番茄呢。

可为什么要工作25分钟，休息5分钟，一口气做完不是更好嘛！

对于简单的任务，你当然可以一口气做完。可是，当你面对一个很难的任务时，就好比突然让你去挑战一个巨大的怪兽，你就会感到压力了。

但是如果你把这个很难的任务分成几部分去完成，就像把一个大怪兽变成3个小怪兽，你是不是就不会感到恐惧了呢？

不仅如此，每战胜一个小怪兽，你都会充满成就感呢！

嘿嘿！又抓住了一个！

翻到下一页，看看具体怎么做吧！

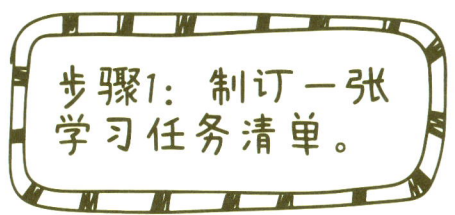

步骤1：制订一张学习任务清单。

首先，写下今天的学习任务。然后，预计每一项学习任务所需要的时间，为它们分配番茄钟。比如25分钟为一个番茄钟，完成了就叫"吃掉一个番茄"。

这里推荐你一张"每日番茄记录表"，你可以用它来记录番茄钟完成的情况。

就像这样

每日番茄记录表

姓名：
日期：

学习任务 （请填上你要完成的学习任务。）	你预计用几个番茄钟？ （请为你预计完成的番茄钟数涂上颜色。）	你用了几个番茄钟？ （每完成一个番茄钟，你就可以为这个番茄涂上颜色。）
数学习题	🍅 🍅 ⚪ ⚪	⚪ ⚪ ⚪ ⚪
朗读英语单词	🍅 ⚪ ⚪ ⚪	
制作手抄报	🍅 🍅 🍅 🍅	

如果一项学习任务太大了，要好久才能做完，比如写手抄报，那么就要多分配几个番茄钟给它。

今日总番茄钟：
（请填上今日实际用的番茄钟总数。）

步骤2：执行番茄钟。

旋转番茄钟到约定的时间点，开始计时。在番茄时钟周期的计时期内，你必须要保持专注，不做其他任何事。

比如：在25分钟之内就只专注于做数学题这件事，不要一会儿就停下来去喝水或者去卫生间。

学习任务 (请填上你要完成的学习任务。)	你预计用几个番茄钟？ (请为你预计完成的番茄钟数涂上颜色。)	你用了几个番茄钟？ (每完成一个番茄钟，你就可以为这个番茄涂上颜色。)
数学习题	🍅 🍅 ⏲ ⏲	🍅 ⏲ ⏲ ⏲
朗读英语单词	🍅 ⏲	⏲
制作手抄报	🍅 🍅 🍅	⏲

> 完成了一个番茄钟，就给一个番茄钟涂上颜色。注意：如果任务没有做完，也没关系，等休息回来再做。

接下来，是5分钟休息时间。你可以去做一些不费脑力的事情，比如去喝点水，躺一会儿，吃点零食都可以。

休息非常重要，它能让你在接下来的任务中充满动力，而且很多灵感也往往产生在休息的时候哦。

小贴士

你知道吗？大脑是没法保持长时间的专注的。所以，专注工作一个25分钟的番茄钟，你就需要休息3~5分钟，4个番茄钟之后，你还可以进行15~30分钟的阶段性休息，让自己深度放松一下。

步骤3：计算番茄钟总数。

在你完成所有学习任务之后，别忘总结一下你今天完成的番茄钟总数。每天看一看自己吃掉了多少个番茄，你就可以非常清晰地知道自己的时间利用效率了。

哇，一共吃掉5个"番茄"！

今天的任务那么多，居然全部完成，嘿嘿，我有更多的时间去做别的事了。

最后，你可以给一直在努力的自己一个奖励。比如，跟妈妈约好，攒够100个番茄钟就去看一场电影。通过自我奖励能让你看到自己实实在在的进步，你也会感到很幸福呢。

终于克服作业拖延症了！

番茄工作法操作步骤

1.制订一张学习任务清单

写下今天的学习任务，预计每项学习任务所需要的时间，为它们分配番茄钟。

2.执行番茄钟

在番茄钟内专注工作，直到番茄钟响起。然后，休息5分钟。

3.计算番茄钟总数

完成所有学习任务后，计算今天的番茄钟总数。

两分钟法则

两分钟法则能帮你随手解决每天需要处理的小事,缓解你的记忆负担和焦虑感,提高每天的学习效率。

如果有两分钟能干完的事,就应该立刻着手去做。

每天你需要处理的事情中，总有一些是两分钟内就可以解决的，可能你都不屑于把它们添加进自己的待办任务清单中。

它们实在太小了，让人懒得去解决。

可是，你知道吗？

崩溃啦！

如果这些小事不及时处理，它们就会不断地累积，不仅会导致你的学习计划失败，还会加重你的焦虑。

你需要把随手能完成的事及时解决掉！

原来小事不及时处理会产生这么严重的后果呢！那这个方法该怎么操作呢？

最简单的做法是——

当你面对一件临时的事情时，先想一想这件事情是否能在两分钟之内被解决。

- 当＞2分钟，就把这件事移到你今天的待办任务清单上。
- 当≤2分钟，就立刻去执行这件事情。

 举个例子

小美想请教老师一道选择题。

她想了想，这件事两分钟内就能解决。

于是她趁老师下课没走的间隙，立即去请教。

你也可以把两分钟可以完成的事项都整理在"我的微习惯清单"上，按照两分钟法则严格执行，直到它们成为你的习惯。

看，小美把两分钟能做的小事都列出来了，你也试试吧！

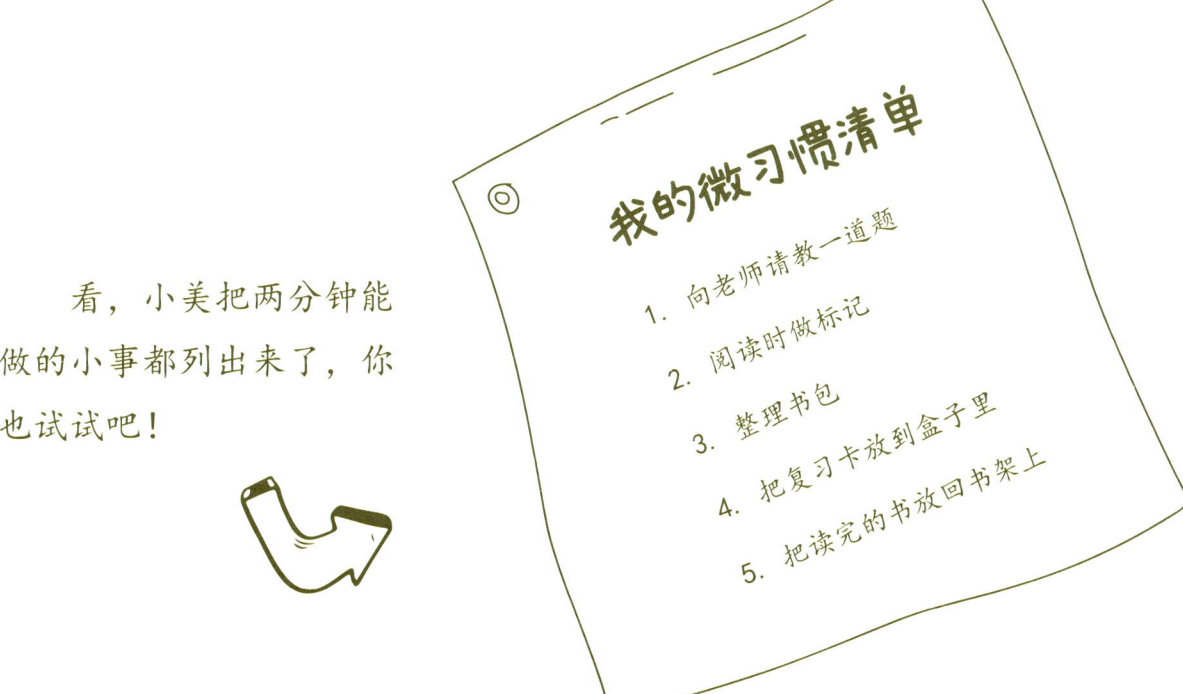

我的微习惯清单
1. 向老师请教一道题
2. 阅读时做标记
3. 整理书包
4. 把复习卡放到盒子里
5. 把读完的书放回书架上

小贴士

如果一项任务需要你花费很长的时间才能完成时，就不适合两分钟原则。比如：在你专心复习准备考试的时候，你就应该保持专注，集中精力复习，尽量不做任何穿插的行动。

两分钟法则的操作流程

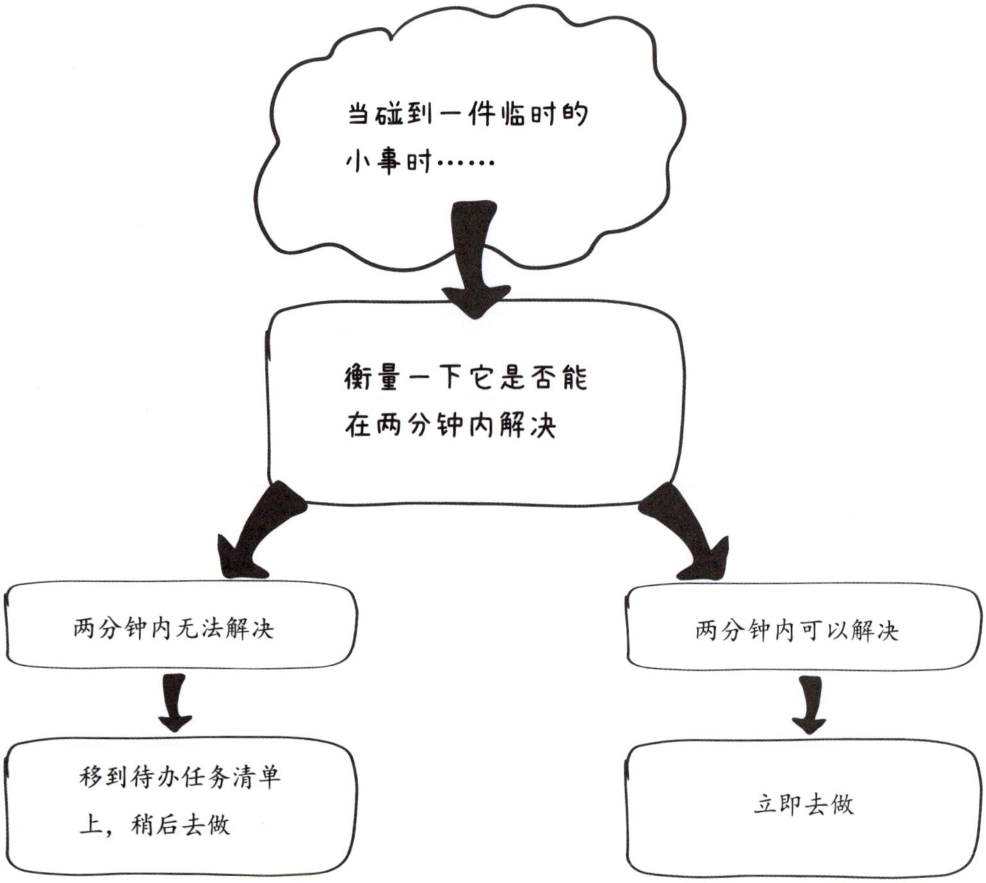

当碰到一件临时的小事时……

↓

衡量一下它是否能在两分钟内解决

↙ ↘

两分钟内无法解决 　　　　两分钟内可以解决

↓ 　　　　　　　　　　　　↓

移到待办任务清单上，稍后去做 　　　立即去做

帕金森作业法

> 帕金森作业法能让你在开学前轻松完成假期作业，它不仅有助于你提高假期作业的完成效率，还能让你的假期得到充分地利用。

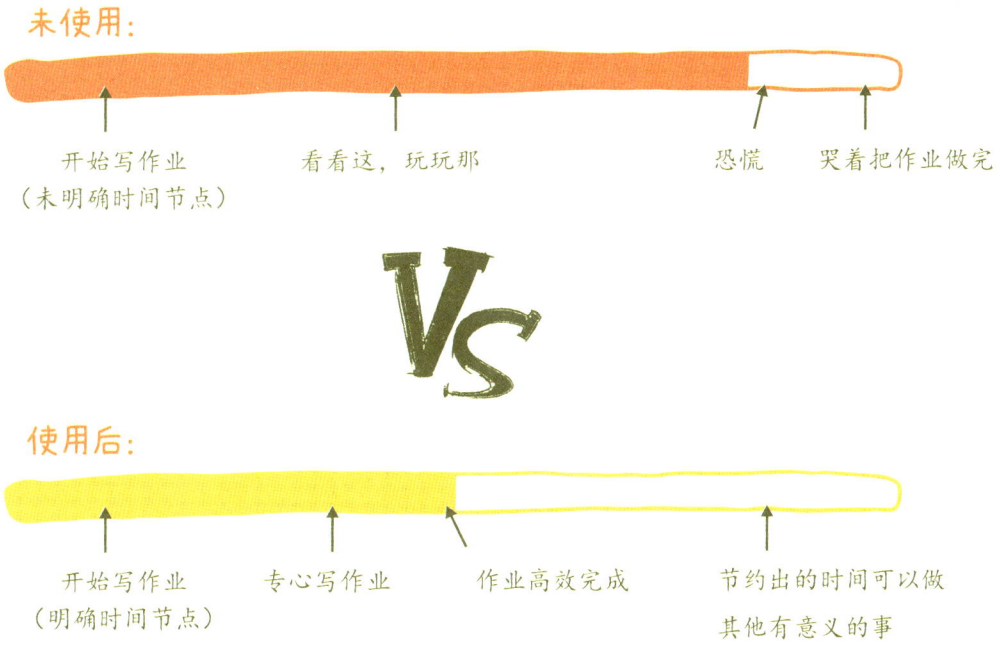

未使用帕金森作业法及使用后的对比图

下面,让我们看看这个方法该怎么使用吧。

首先,在做假期作业前列一份"帕金森假期作业划分清单",明确有多少作业要完成,作业的内容是什么。别忘了预测一下每项作业完成的时间,并对每项学习任务设置截止日期。

 就像这样

帕金森假期作业划分清单			
科目	作业及要求	预计完成时间	起止时间
语文	阅读1本书	3周	7月15日-8月5日
语文	写2篇作文	2天	8月8日-8月9日
数学	做一本练习题	2周	7月15日-7月29日
数学	创作一幅数学漫画	1天	8月1日

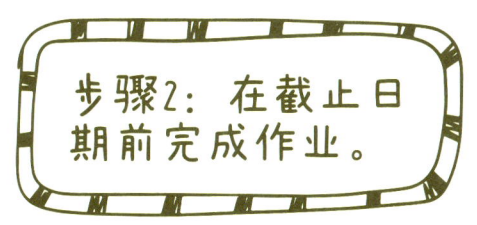

接下来,你需要每日提醒自己在截止日期前完成作业。比如:你计划在7月29日前完成一本数学练习题,那么你就可以在日历上做好标记,也可以在提醒器上设置日期倒计时提醒,确保自己能按时完成。

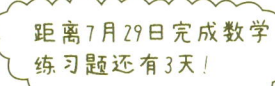

帕金森定律表明:工作总是会拖到最后一刻才会被完成,只要还有时间,工作就会不断被拖延。所以,如果我们能为每件任务设定一个完成期限,那我们在单位时间的产出效率就会提高哟。

帕金森作业法的操作步骤

1 在做假期作业前列出"帕金森作业划分清单",明确手头有多少作业要完成,每项作业完成的时间。

2 每日提醒自己在截止日期前完成作业。

制订作业划分清单

在截止日期前完成作业

让大脑"聪明"地学习

科学记忆：用大脑喜欢的方式记忆知识

你也有同感吧，花了很长时间去背单词，背得头昏脑涨，却不见效果。

或是背过的东西马上又忘了，好像得了"背书健忘症"。

于是，你开始怀疑自己——

也许我天生记忆力就比别人差！

学不好也不能怪我啊，谁让我天生记忆力就不佳。

可为什么会这样呢？

现在，可以肯定地告诉你：

记忆力不是天生的，好的记忆力是可以通过后天科学训练获得的。

记忆在大脑中是如何形成的？

研究发现，记忆其实是一个过程，包括编码、储存和提取三个基本步骤。你在记任何东西的时候，都是按照这3个步骤来进行记忆的。

1. 编码

编码就是把感官接收到的信息，通过图像、故事或组块等方式转化成可以储存在大脑里的信息。

2. 储存

这些信息被编码后，大脑就会对它们进行储存。

3. 提取

当我们想要重新想起一件事的时候，就需要从大脑里提取信息。

要想科学记忆,你可以尝试这样做:

1. 运用图像、故事或组块等方式去记忆。

2. 间隔重复复习。

翻到下一页,看看具体怎么做吧!

助记法

> 助记法能帮你用图像、故事或组块等方式去记忆知识,它能让你对知识点的记忆更加清晰,同时也能让你的记忆更持久。

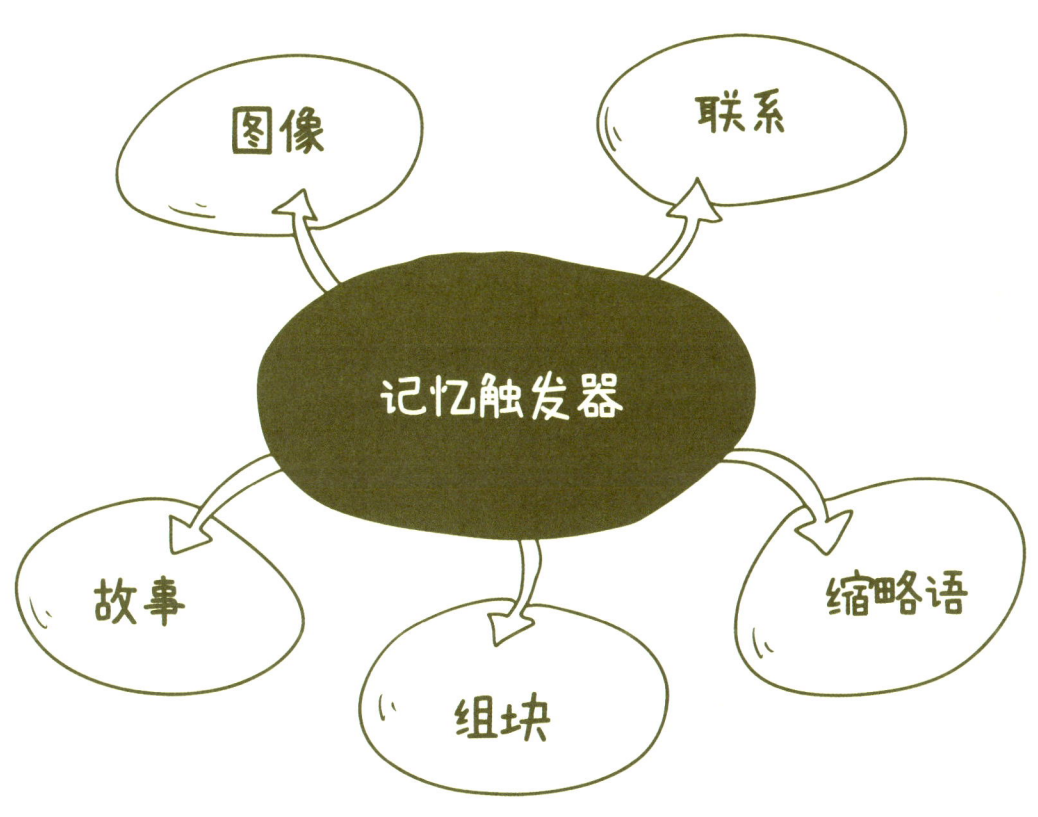

> 要用图像、故事去记忆，听上去好麻烦啊！

其实不麻烦！

记忆的关键不在于记得有多快，而在于如何记得省力与牢固。

死记硬背就是最简单有效的方法，但是它的缺点也是致命的——那就是忘得快！

> 小川，为什么叹气？

> 我昨晚一口气背了一首唐诗，可是早上起来只记住了作者是杜甫……

了解了这个，你就知道了记忆是不能急于求成的，记忆时适当放慢速度，你才能事半功倍。

下面，一起来看看具体该怎么使用助记法去记忆。

1. 图像记忆。

要知道，你接触到的大部分知识都是文字，而图像记忆能帮你把文字知识转化成画面，编成故事，这样你才会记得更牢。

步骤1：把文字转化成画面

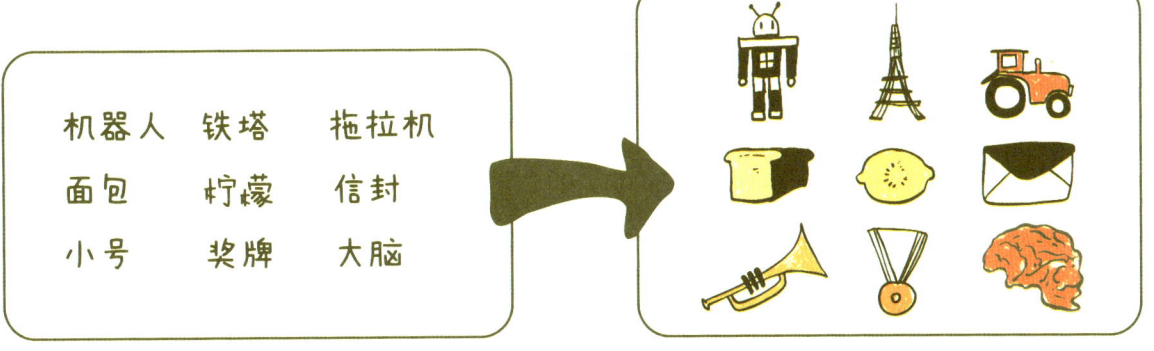

比如说"磁铁"，现在它在我们眼中只是个词语，没有任何图像。

但是，假如你发挥想象力，在大脑里想象出一个生动具体的磁铁，这就相当于在你的脑海中形成了一幅画面。

步骤2：把画面连接在一起

刚刚提到的磁铁只是一个词语，但是我们通常遇到的是一段文字。

比如："磁性可以很弱，也可以很强。"那这个时候就需要把几个画面连接在一起了。

好的，现在请充分运用你的想象力把它们组合在一起吧……

小建议

1. 想象时，画面要夸张。

画面越是夸张就会记得越清楚，如果是动态的画面就更好了。

2. 画面不要太复杂。

简单的画面更容易让人记住需要记忆的内容。太复杂的画面则让人找不到记忆的目标。

步骤3：整理画面

最后，你需要把零散的场景整理成一个比较好记的故事。但是别忘了，要按照一定的顺序或故事情节进行整理。

小贴士

这个方法不仅能帮你记住科学知识，还可以帮你背单词、古诗甚至一本书。因为无论什么样的知识，都可以转化成图像来记忆哟！

2. 比喻记忆。

如果你想要记住一个枯燥的定理或者概念，那么你可以试试比喻记忆。它能帮你把要记的知识和已经掌握的知识联系起来，从而提高你的记忆效率。

步骤1： 确定你要记忆的知识，并去理解它。

步骤2： 寻找与这个知识相似的东西。

比如小川在科学课上，学到了一个新概念"能量"。他在理解"能量"的意思后，把它比喻成了一个超级大英雄。

有时你找到的比喻可能并不完美,这没关系。如果你感到比喻并不恰当,还可以进行修改。

就像这样做

比如,小川想用比喻记忆法记住英语中的冠词怎么用。

他先把冠词比喻成了王冠,可是依然觉得不好记,于是他进行了修改——把冠词比喻成了一个魔法帽,这回他一下就记住了。

小贴士

当你进行比喻的时候,尽量选择生动有趣的比喻,这样更容易引发你的联想,加深记忆哟!

3. 组块记忆。

当你需要记住一些较长的英语单词、繁复的数字或零碎的知识时，你不妨把它们先排列组合成一定的组块，再去记忆。

你可以运用联想或音节把想要记的英文单词进行拆分。

比如你要记单词"文具盒"——pencil box，那么你可以运用联想，把它变成两部分去记。

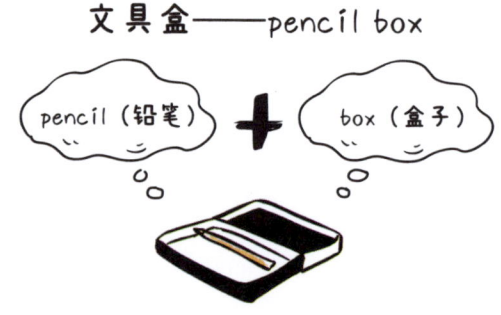

我明白了——把一个长单词分成几块去记忆，这样就好背多了！

那giraffe就是gi-ra-ffe！

额……是谁在叫我？

你也可以把相同的一类事物放在一起去记忆。其实，这有点像你上网时，只需要输入关键字，就能够很快找到相关的一系列内容。

同样的道理，运用组块记忆，能帮助你的大脑顺利地想起记忆的内容。

小贴士

你有没有发现，数学课上，老师通常会把一个重要知识分成多个知识点去讲解，而在语文课上，老师总是不厌其烦地让你给课文分段？其实，老师们这么做就是利用了组块记忆的原理，目的是让你记忆起来更容易。

4. 缩略词记忆。

碰到一连串的知识，你可以把它们串联成一个短语或者一句好记的话。这样复杂的知识就被压缩了，也就更容易记了。

太阳系八大行星，按照名称和顺序分别为水星、金星、地球、火星、木星、土星、天王星、海王星，你就可以用"水金地火木土天海"来记忆。

画重点

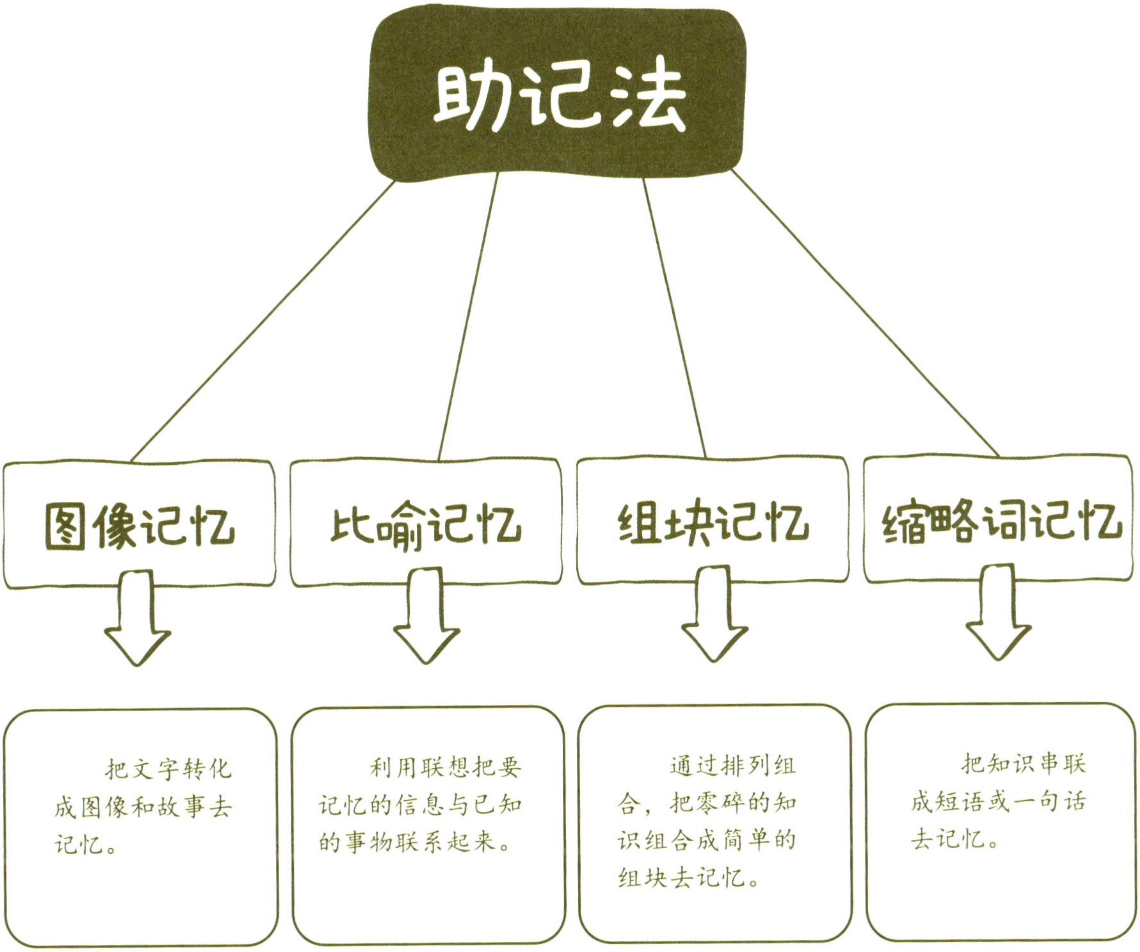

助记法

- **图像记忆** → 把文字转化成图像和故事去记忆。
- **比喻记忆** → 利用联想把要记忆的信息与已知的事物联系起来。
- **组块记忆** → 通过排列组合,把零碎的知识组合成简单的组块去记忆。
- **缩略词记忆** → 把知识串联成短语或一句话去记忆。

艾宾浩斯记忆法

这是遵循艾宾浩斯遗忘曲线理论而来的一个记忆方法。令你头疼的背单词、背古文、背课文、背成语等都可以用它来搞定。

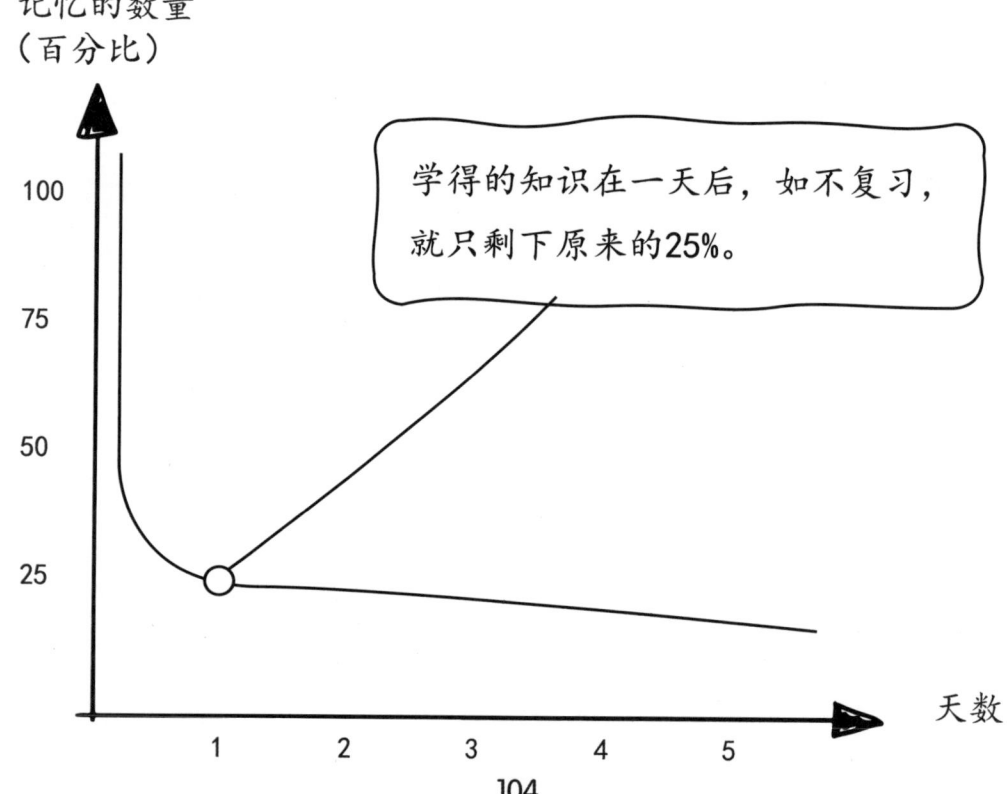

艾宾浩斯遗忘曲线

学得的知识在一天后,如不复习,就只剩下原来的25%。

怪不得我背过的东西很快就会忘，原来是我忘记复习了，那第二天再把知识拿出来看一遍就行了吧？

告诉你一个坏消息：

如果你只是把要背的内容再拿出来看一遍，效率是非常低的，甚至最终什么都记不住。

但是，如果你这样做

在不看笔记和课本的情况下，先考考自己，效果就会好得多。因为——

昨天我背了《小儿垂钓》，现在让我来想想它是怎么写的吧。

嗯……想到了！第一句是"蓬头稚子学垂纶，侧坐莓苔草映身"。

当你试图主动提取一段记忆时，大脑会更用力，这将有助于你的记忆。

比如

就像这样

当你想要回顾第一天学的几句古诗时，你就可以先问问自己，那些古诗是什么。实在想不出来时，再去翻书。

研究发现，间隔重复复习是最有效的记忆方法之一。

不仅如此，科学家们对复习周期还做了科学的安排。当你按照这些复习周期去复习，背诵内容就能被轻松记下，不容易遗忘了。

艾宾浩斯记忆法复习时间：

- 第1个复习周期：1天
- 第2个复习周期：2天
- 第3个复习周期：4天
- 第4个复习周期：7天
- 第5个复习周期：15天

这里推荐你一份"艾宾浩斯记忆法复习表",让它来帮助你搞定单词、成语、古诗或课文的背诵和记忆。

举个例子

艾宾浩斯记忆法复习表

序号	日期	学习内容	复习周期（复习后请用彩笔在序号上涂一涂。）				
			1天	2天	4天	7天	15天
	4月1日	《登鹳雀楼》					
	4月2日	《望庐山瀑布》	1				
		《小儿垂钓》	2	1			
		《夜宿山寺》	3	2			
		《敕勒歌》	4	3	1		
		《咏柳》	5	4	2		
			6	5	3		
			7	6	4	1	
			8	7	5	2	
			9	8	6	3	
			10	9	7	4	
			11	10	8	5	
			12	11	9	6	
			13	12	10	7	
			14	13	11	8	
			15	14	12	9	1
17	4月17日		16	15	13	10	2
18	4月18日		17	16	14	11	3
19	4月19日		18	17	15	12	4
20	4月20日		19	18	16	13	5

看,每首诗都有对应的序号,在学习这首诗的第1天后,表格上就会显示这样的信息:

1. 第1天,你学习了古诗《登鹳雀楼》。
2. 第2天,你学习了新的内容《望庐山瀑布》,但根据序号,你还要同时复习第1天学过的内容《登鹳雀楼》。
3. 第3天,你不仅需要学习新的内容《小儿垂钓》,还要复习第2天学过的《望庐山瀑布》和第1天学过的《登鹳雀楼》。
4. 后面的情况依此类推,直到你完全学会和记住哟!

你可以把每天要学习的内容提前填上,做到合理安排,心中有数。

复习完,你就可以在序号上涂个自己喜欢的颜色哟。

画重点

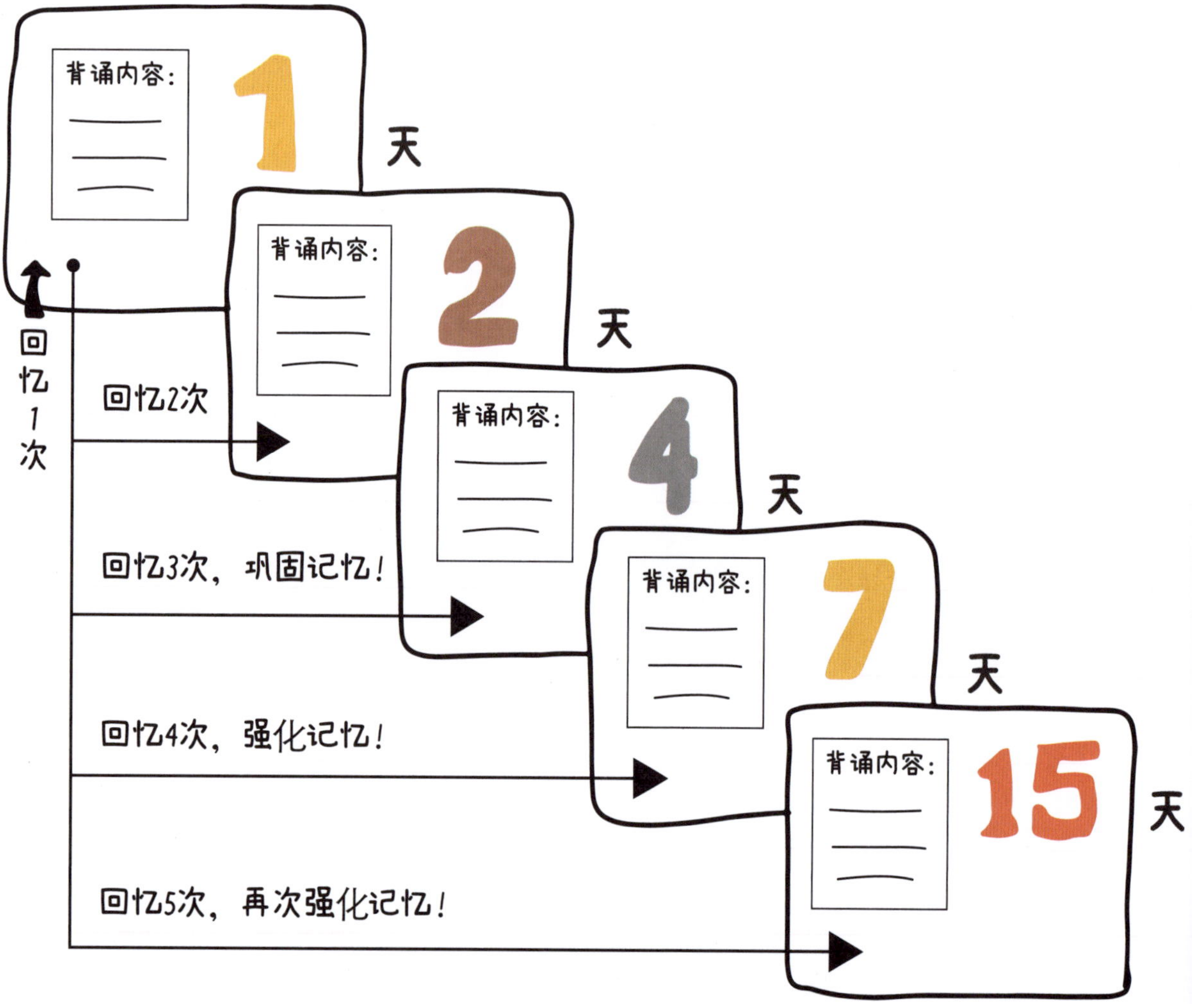

背诵内容: 1 天

回忆1次

回忆2次

背诵内容: 2 天

回忆3次，巩固记忆！

背诵内容: 4 天

回忆4次，强化记忆！

背诵内容: 7 天

回忆5次，再次强化记忆！

背诵内容: 15 天

深度学习：帮助大脑更深入地理解知识

"把公式记住就行了吧。"

瞧,这样的话你是不是听上去也有点儿耳熟?

学习时,你也许想着只要会做题就行了,对一些公式、概念之类的知识不太在乎。

"我只要把题目答对就好了。"

就像小美一样,虽然她不清楚三角形的面积公式是怎么得来的,但是她认为这并不会影响自己。

「很可惜,事实并不是这样。」

首先，你需要知道的一点是—— **这绝对和你的智商无关！** 你大可不必因此而怀疑自己。

别着急，这个学习的秘密现在就告诉你！

真相只有一个，那就是你缺乏深度学习！

深度学习的力量

深度学习,就是要求你能用已知的知识去解释新知识,建立起新旧知识之间的联系,把新知识纳入已有的知识结构中。

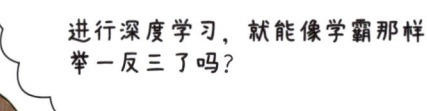

进行深度学习,就能像学霸那样举一反三了吗?

没错!

进行深度学习的你,可以将新知识运用到新情境中去解决问题。

哦——原来这题考的是三角形和平行四边形的关系。

已知右图中平行四边形的面积是64cm²,那么涂色三角形的面积是( )cm²?

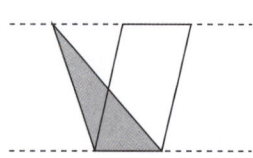

想要进行深度学习,除了要高质量地获取知识外,还需要大脑对知识进行深层地加工和理解。这时候,你需要掌握更聪明的学习策略。

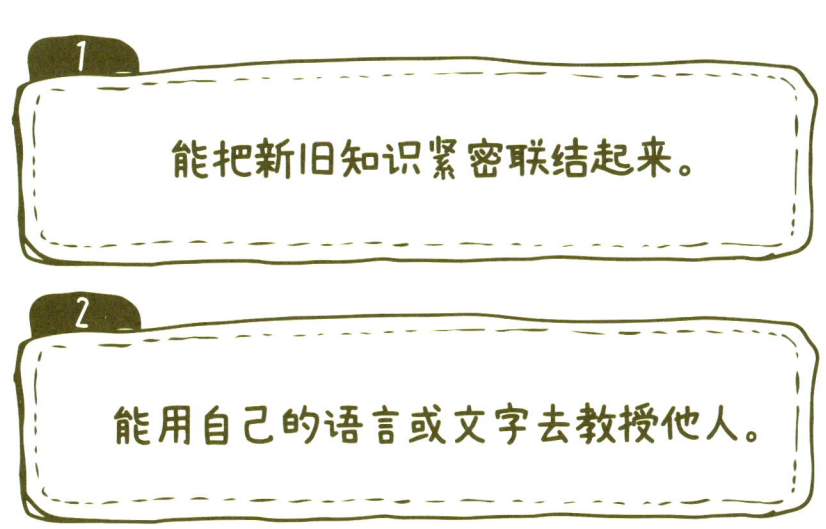

1. 能把新旧知识紧密联结起来。

2. 能用自己的语言或文字去教授他人。

那具体应该怎么做呢?

别着急,接着往下看吧!

KWLH思考法

> KWLH思考法是一种有效的学习反思方法,可以帮助你把新旧知识紧密联结起来,让你真正吃透所学的新知识。

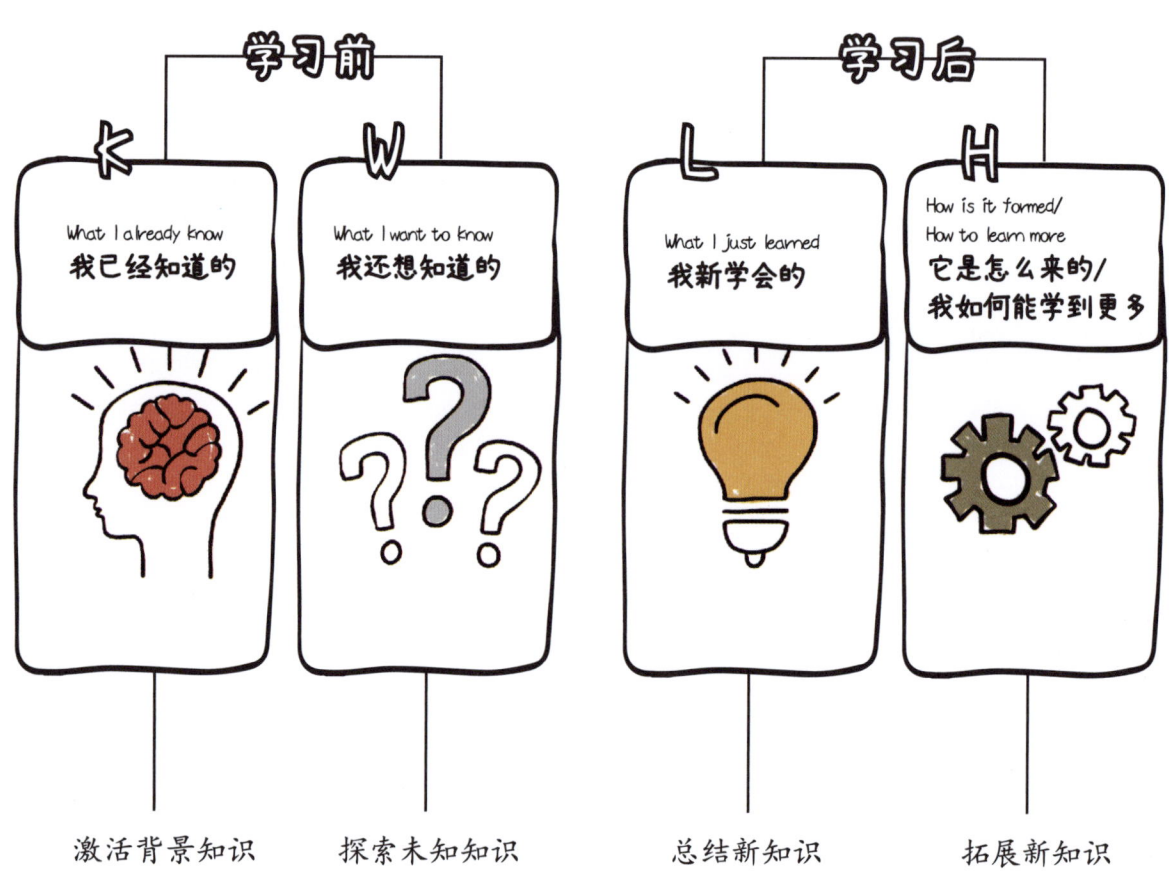

KWLH思考法非常适合你在学习一个新知识的时候使用。

学习新知识前

你可以思考一下——关于这个主题内容，你已经知道了什么。

比如，当你学习三角形面积公式之前，你就可以把自己已经知道的，和三角形、三角形面积相关的知识写一写，充分调动自己的背景知识。

What I already know
我已经知道的

1. 三角形的分类：

 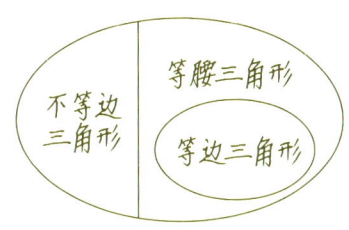

2. 两个完全一样的三角形可以拼成三角形、长方形、平行四边形、和四边形。

3. 正方形、长方形、平行四边形的面积计算公式。

……

然后再想想——关于这个主题，还有什么是你想知道的。

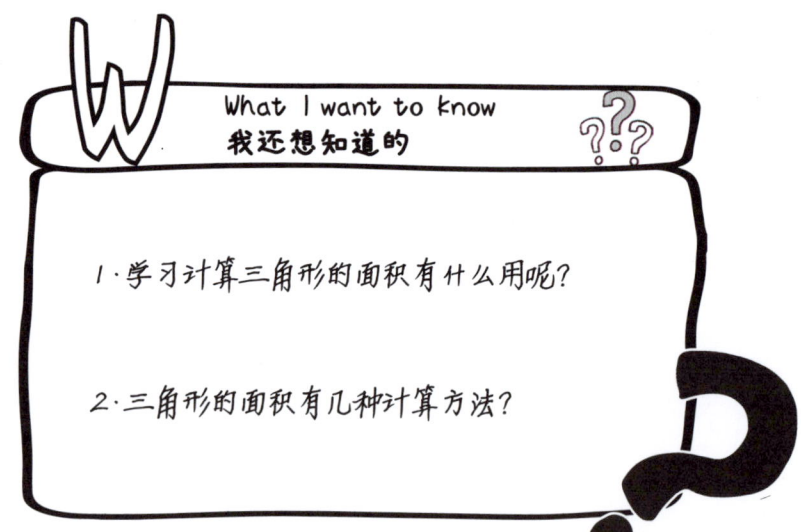

What I want to know
我还想知道的

1. 学习计算三角形的面积有什么用呢？

2. 三角形的面积有几种计算方法？

小贴士

只要是你感兴趣的，和这个主题相关的问题都可以写下来，不用担心别人怎么看哟。

学习新知识后

你需要及时回顾课堂上的内容，把学到的新知识写一写。

总结新知识

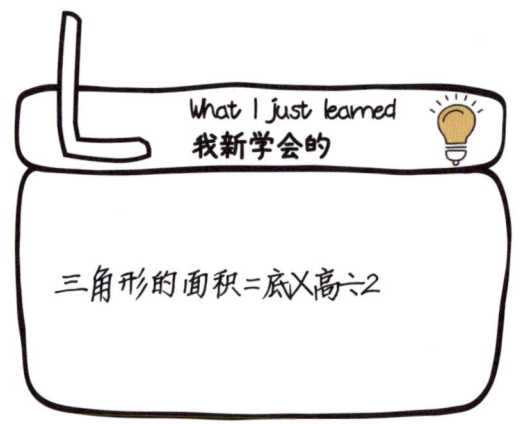

What I just learned
我新学会的

三角形的面积＝底×高÷2

当然，并不是这样就大功告成了。对于数学里的公式、公理、定理等，你不仅要知道它是什么，而且最好再追问自己一句——**它是怎么来的**。

How is it formed
它是怎么来的

2个完全一样的直角三角形能拼成一个长方形或正方形。

长方形或正方形的面积=长×宽，其中一个直角三角形面积=底×高÷2

2个完全一样的钝角三角形能拼成一个平行四边形。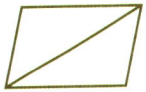

平行四边形的面积=底×高，其中一个钝角三角形面积=底×高÷2

2个完全一样的锐角三角形能拼成一个平行四边形。

平行四边形的面积=底×高，其中一个锐角三角形面积=底×高÷2

当你开始对这个问题进行思考时，你就会自然而然地深入一个新知识的内在，而不仅仅只是死记硬背记住它。

我发现我对新知识理解得更透彻，也记得更牢固了。

当然，KWLH思考法不仅在学习一个学科的新知识时非常好用，就连在平时的课外阅读中，你也可以多多利用它来思考。

我昨天读了《法布尔昆虫记》里关于蚂蚁的内容。

看，这是我做的KWLH思考表。

KWLH思考表

主题：蚂蚁

K What I already know 我已经知道的	W What I want to know 我还想知道的	L What I just learned 我新学会的	H How to learn more 我如何能学到更多
蚂蚁很团结。 蚂蚁很小，力气却很大。 蚂蚁有很多种类。	蚂蚁会打架吗？ 蚂蚁最喜欢吃什么？	最常见的蚂蚁是黑褐蚁。 兵蚁负责保卫群体安全。 长着翅膀的蚂蚁叫作繁殖蚁，个头比同种的工蚁大得多。	看科普书 看纪录片 上网查资料

我发现了一个问题。

在小美的这张"KWLH思考表"里,最后的"H"变成了"我如何能学到更多",这和之前"它是怎么来的"并不一样。

没错!

其实"H"这个缩写可以代表的问题很多,既可以是问"它是怎么来的",也可以问"我如何能学到更多"。

多多思考"它是怎么来的",可以让你更深入地思考一个知识的底层逻辑;而思考"我如何能学到更多"则能拓展你的知识面,更全面地吃透一个知识。

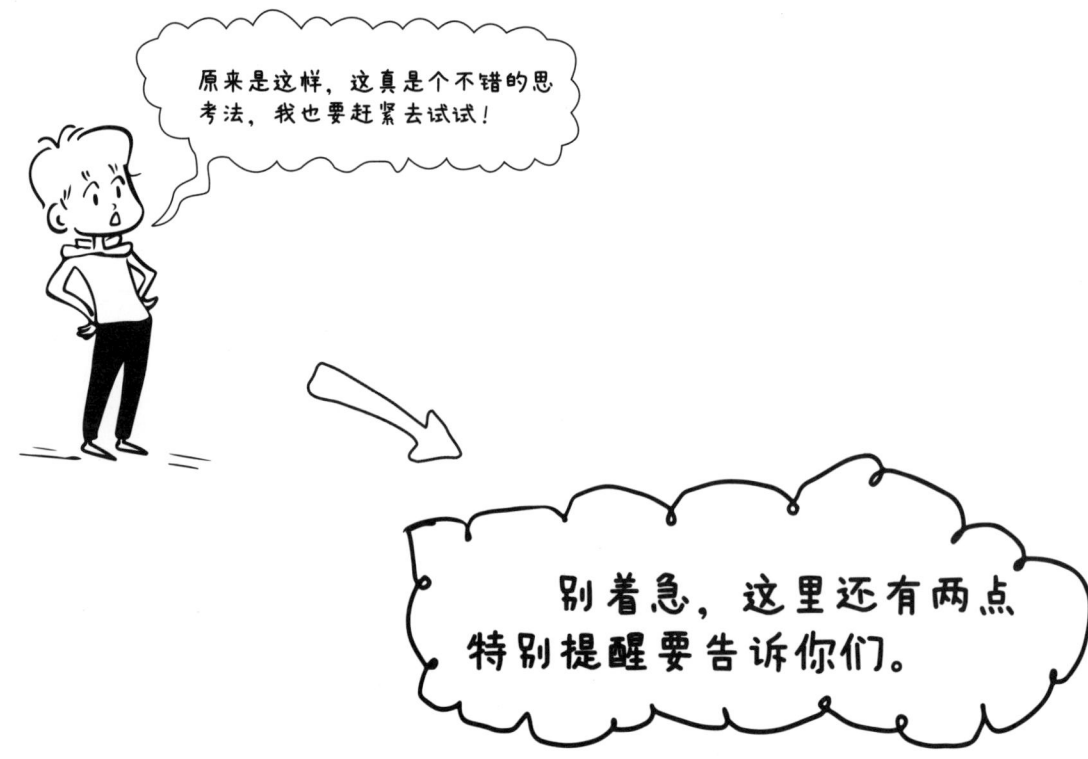

特别提醒!!!

1. 也许在学习新知识后,你会发现在"我已经知道的"的知识里有记忆错误的旧知识,别忘了及时地纠正哟!

2. 也许你的"我还想知道的问题"并不能在学习新知识后找到答案,这时,你还可以通过更多途径去寻找问题的答案。

KWLH思考法

学习前

K
What I already know
我已经知道的 ---------- 调动大脑，写下关于这个主题，你已经知道的内容。

W
What I want to know
我还想知道的 ---------- 写下关于这个主题，任何你感兴趣的问题。

学习后

L
What I just learned
我新学会的 ---------- 学习后及时总结新知识。

H
How is it formed/How to learn more ---- 吃透一个新知识的重要思考。
它是怎么来的/我如何能学到更多

小老师主动学习法

> "教"是最好的"学"。小老师主动学习法就是让你以教别人的方式,验证自己是否真正掌握了这个知识,从而倒逼自己主动深入学习,真正吃透一个新知识。

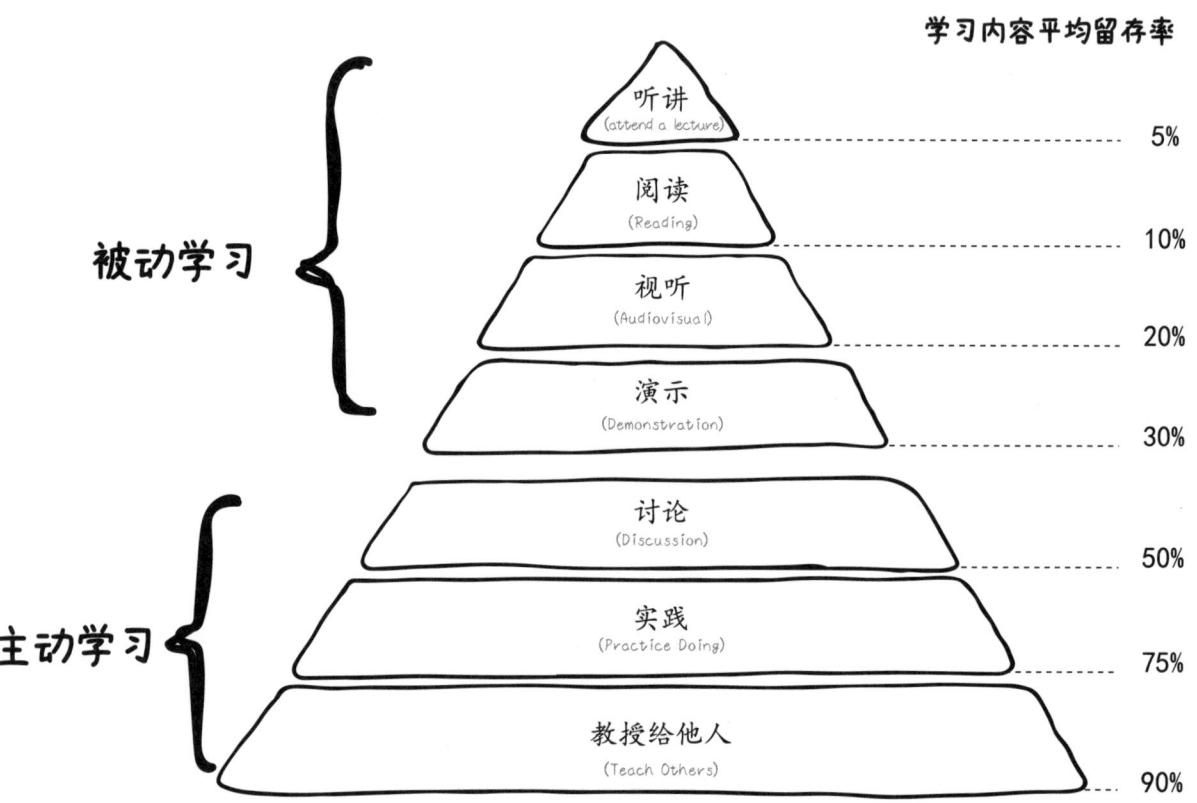

不同的学习方式带来的学习效果也大不一样,小老师主动学习法就是学习金字塔里的主动学习方式,它的学习效果也是最大的。

哇,原来小老师主动学习法这么厉害,那我要赶紧去做小老师了!

别着急,当小老师也是有要求的。

要求1:用自己的语言去复述或解释知识点。

回忆一下,课堂上老师是如何向你们教授新知识的?如果老师只是照着书本把新知识念给你们听的话,估计……

记住！你是用自己理解后的语言去复述或者解释一个知识点，而不是仅仅把它按照书本上写的背给别人听。

小贴士

只有用自己的语言表达，你才能真正调动自己的大脑去仔细琢磨这个知识点。

这里再给你推荐一张"知识要点气泡图",它可以帮助你更好地把你想说的重点内容记下来。

我把想说的话都提前写在纸上,这样就不怕自己讲述时会一下子忘记要说什么了。

看,小美已经用上它了!

知识要点气泡图

我想讲述的知识是:
三角形面积=底×高÷2 的推导过程

- 2个完全一样的直角三角形能拼成一个长方形或正方形。
  长方形/正方形的面积=长×宽,其中一个直角三角形面积=底×高÷2

- 2个完全一样的钝角三角形能拼成一个平行四边形。
  平行四边形的面积=底×高,其中一个钝角三角形面积=底×高÷2

- 2个完全一样的锐角三角形能拼成一个平行四边形。
  平行四边形的面积=底×高,其中一个锐角三角形面积=底×高÷2

特别提示

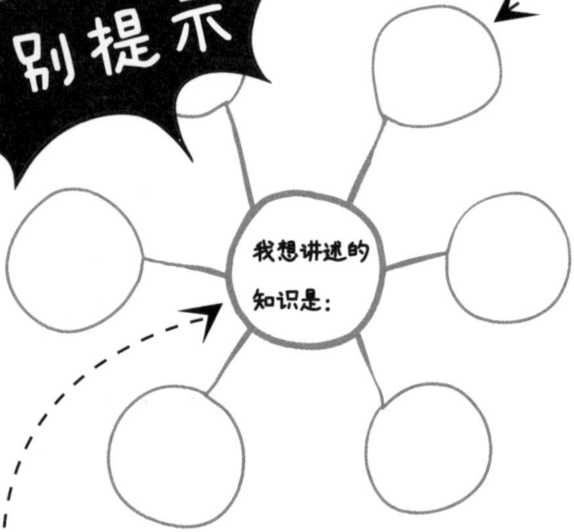

1. 旁边的每个气泡里只记录一个重要内容,这样你就能很容易看清楚自己写了什么,也可以条理清晰地讲给别人听。

2. 刚开始练习时,你可以将自己想说的话完整地写下来。练习多了后,你就可以试试只用一些关键词或者图形来提醒自己。

你可以在中间的气泡里写上"我想讲述的知识"是什么,然后围绕这个主题知识,在旁边的气泡里写上相关的重要内容。

就像小美这样

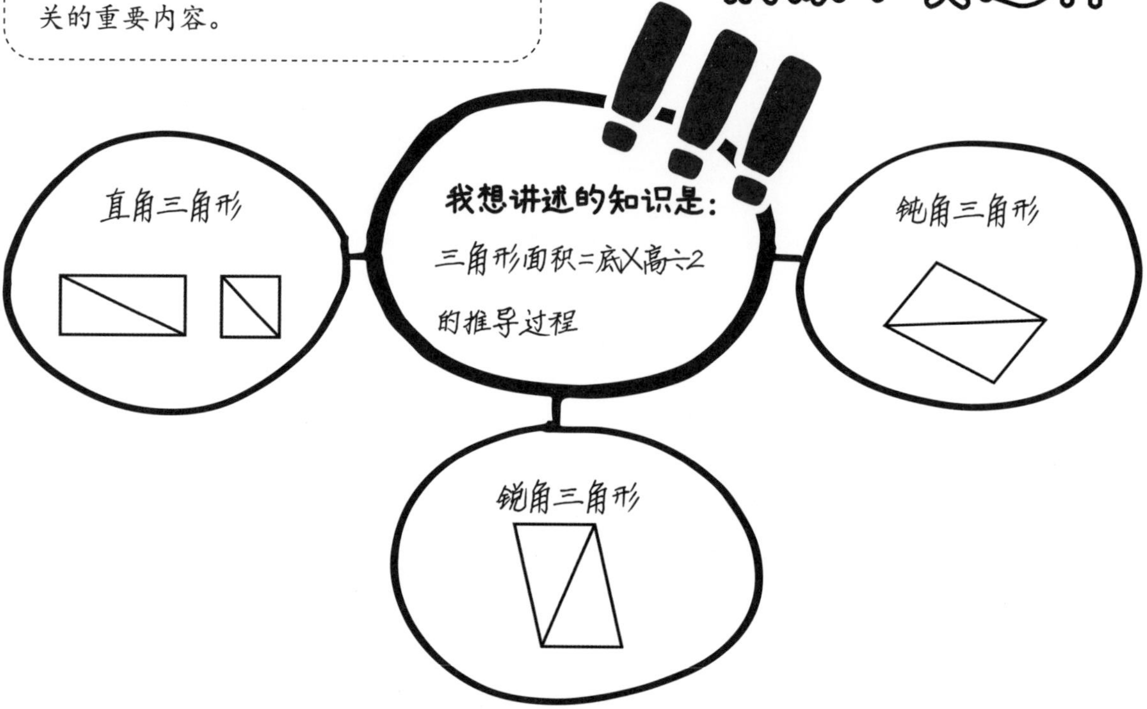

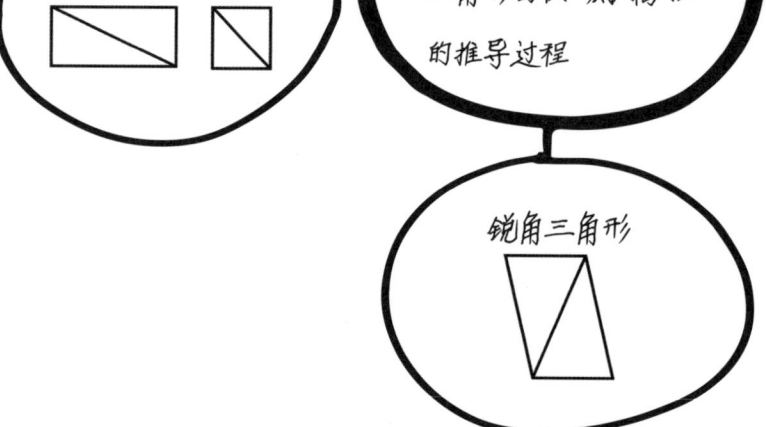

要求2：讲述的语言要简单、形象。

想做好一个小老师，你就得通过自己的语言，用最简单、形象的话把这个知识点讲清楚。

马门溪龙有世界上最长的脖子，它的脖子总共有11~14米长哟。

呃，就是很长很长啊！

11~14米是多长？

现在，小美换了一种更形象的说法，让我们来看看效果。

马门溪龙有世界上最长的脖子，它的脖子总共有11~14米长，大概有四五层楼那么高哟！

哇，这也太长了！

注意

如果你讲述的语言非常复杂，或者不能形象地让别人理解，那你可能还没有透彻理解这个知识点。

> 要求3：当在讲述的过程中卡壳时，立刻回到知识点进行学习。

当你讲着讲着突然结结巴巴，声音也越来越小，听起来不太自信的时候，那就是遇到了你的<u>知识薄弱点</u>！

完了，这个地方我讲不清楚了。

这个时候，你最好立刻重新回到知识点学习。

知识薄弱点

哈哈，这样一想"卡壳"也不是一件坏事！

小贴士

你不用为自己的卡壳而感到尴尬、沮丧甚至对自己产生怀疑。相反，当在讲述中遇到卡壳时，请先对自己说声"恭喜"，因为你又发现了一个自己认为会但其实不会的知识。

要求4：重新讲给别人听。

这很重要吗？

事实上，这点真的值得特别强调。因为总有人因为一次失败，而不再愿意继续尝试。

上次就没讲好，我不想再出丑了！

或者觉得自己已经弄懂了，不需要再讲给别人听。

上次的知识薄弱点我已经弄懂了，没必要再反复讲了吧？

其实，复述和理解是相互促进的。在你一遍遍的复述过程中，你就在不断地加强对这个知识点的理解，而且会记得更牢。

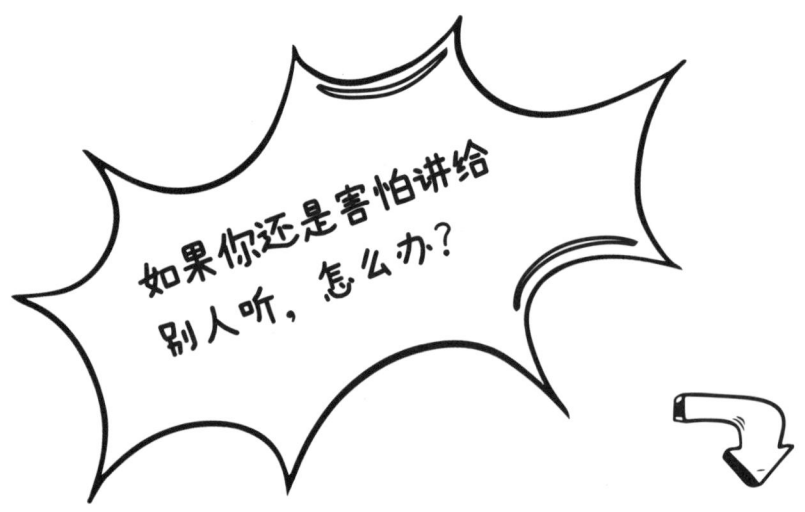

如果你还是害怕讲给别人听，怎么办？

没关系，别给自己太大压力。你可以先尝试对着镜子里的自己说，或者对着一个"假想学生"进行教学，比如你家里的那些毛绒玩具。

画重点

1 用自己的语言去复述或解释知识点。

2 当在讲述的过程中卡壳时,立刻回到知识点进行学习。

3 讲述的语言要简单、形象。

4 重新讲给别人听。

小老师主动学习法的4点要求

学会提问：鼓励大脑独立思考

你是不是也会像阿力班上的同学一样，每当老师问"大家还有什么问题"时，总是平静地看着老师，好像提问和自己没有任何关系，有时还会和同桌闲聊起来……

或者像阿力那样，虽然在学习中产生了一些疑问，但是却很容易让这些问题一晃而过。

事实上，不爱提问，不敢提问，是大多数人的通病！

「原来大多数人都和我一样。」

没错，总有一些原因让人不爱提问，或者不敢提问。

比如

这不是秘密

老师都喜欢爱提问的孩子，所以你不需要害羞，大胆地问出自己的问题就好了。

原因1：因为害羞。

「我有问题，但是不敢开口问老师，连问同学都会感觉不好意思。」

原因2：害怕被嘲笑。

原因3：认为没有必要提问。

原因4：不知道问什么。

「我总害怕自己问的问题太简单了，会被老师和同学笑话。」

「我认真听课就好了，为什么还要提问题？」

「我不知道要问什么，我好像没有疑问。」

你知道吗？其实提问是一个非常必要的学习习惯。在很小很小的时候，你的大脑就已经在通过提问的方式学习了。

你可能会花很长时间探究一个小洞里到底有什么。

也可能会用舌头尝试不同的味道。

你会带着这些疑惑主动学习，直到心中有了明确的答案。

提问，会让你拥有淘金式思维，进入主动学习的状态！

什么是淘金式思维?

淘金式思维就像在一堆沙砾中寻找金子,你需要在获取知识的过程中与知识展开积极互动,比如积极提问。

与淘金式对应的是海绵式思维。海绵式思维就像海绵大量地吸收水分,只强调尽可能多地获取知识。

我现在总怕自己的问题太简单了，会被大家笑话。

而且有时候，我甚至不知道问什么。

没错，提问也是一门很大的学问！

根据问题的难度，我们可以把提出的问题分为浅层问题和深层问题。

什么是浅层问题？

一般是针对简单的事实提问，你会比较容易找到答案，通常答案也只有一个。比如，秦始皇在哪一年统一了六国？

很多时候，虽然你看起来是在提问，但是其实很多都是一些简单的浅层问题。

这也是你害怕自己提出的问题会被笑话的重要原因。

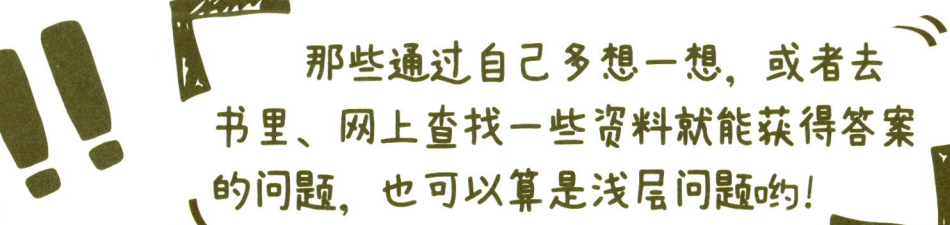

那些通过自己多想一想，或者去书里、网上查找一些资料就能获得答案的问题，也可以算是浅层问题哟！

但是随着你的成长，你更需要学会经过自我的思考后，提出一些高质量的深层问题。

浅层问题就像海面上显而易见的冰山。

深层问题则是海面下你不容易见到的冰山。

什么是深层问题？

需要你去分析、琢磨，没有现成的答案可以获得的问题。比如，如果秦始皇多活20年，秦朝还会灭亡吗？

能提出深层问题可真棒！可是我该怎么做，才能提出这些好问题呢？

别着急，接着往下看吧。

5种探究提问词

> 除了"为什么",还有更多具有探究性的提问词,可以瞬间让你的提问变得更有深度。

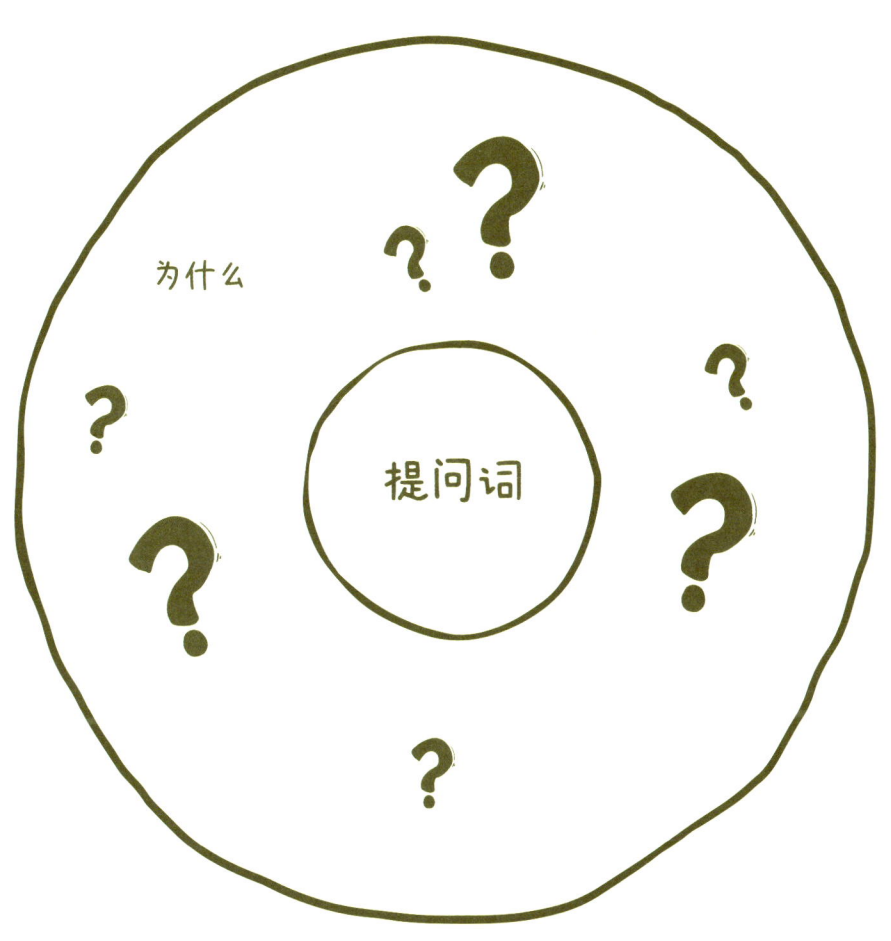

从小到大，你最爱问的可能就是——

你可能会因此认为自己是个喜欢思考的孩子。

其实很多时候，你脱口而出的"为什么"只是你懒惰思考的表现，可能根本没有经过自己的认真思考。

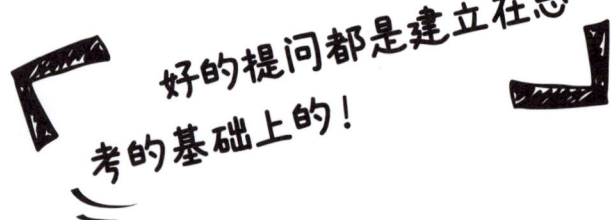

提出一个好问题真难啊!

如果用上一些具有探究性的提问词,提出好问题就会变得简单多了,因为这些探究提问词就能促进你去积极思考。

探究提问词1

如果

如果地球突然没有了引力,会发生什么事情?

如果没有这个条件,这道题还能解出来吗?

用"如果"提问,就是通过提出一个假设条件,让你从多角度去探寻知识。

探究提问词2

除了

除了引力,还有什么会改变天体的形状?

除了这种方法,还有其他方法吗?

用"除了"提问,你就可以在已知的知识之外,探寻更多的未知知识。

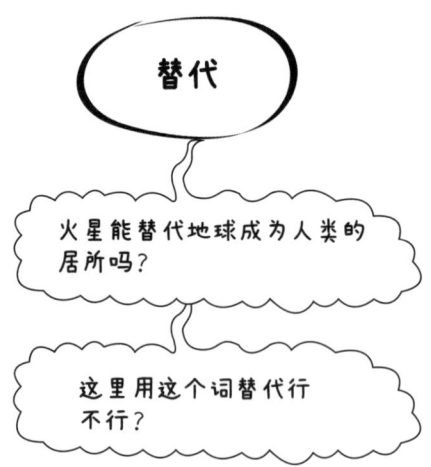

像个小侦探一样不断地推测，你就能探寻事物的多种可能性。

用"替代"提问，你就可以不断提出自己的想法，并进行验证。

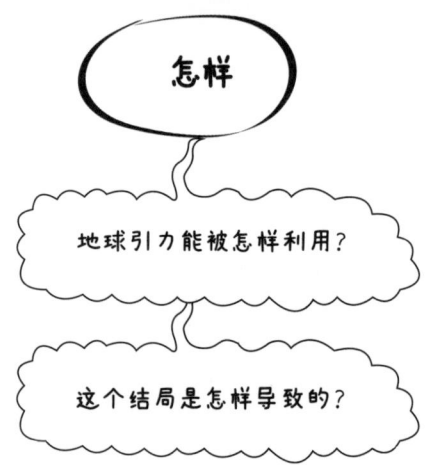

用"怎样"提问，你会更加关注实践应用，也会更加关心细节与步骤。

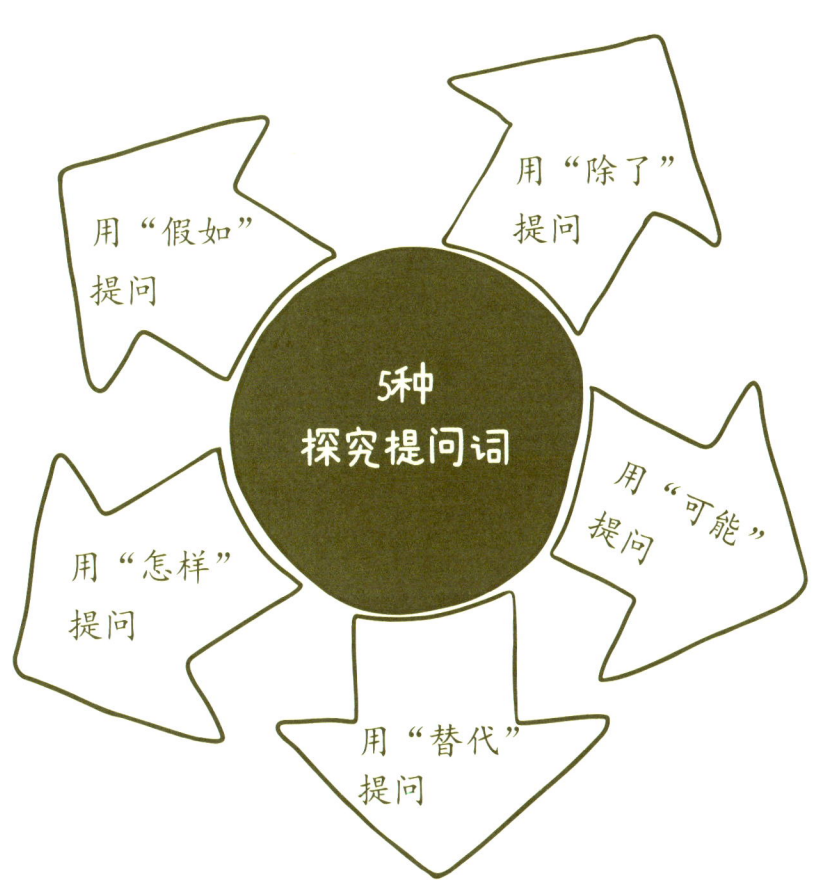

布鲁姆提问法

学习一个主题的知识时，你可以根据布鲁姆提出的认知目标分类法，依次从低阶思维向高阶思维拓展你的思考，提出更多高质量的好问题。

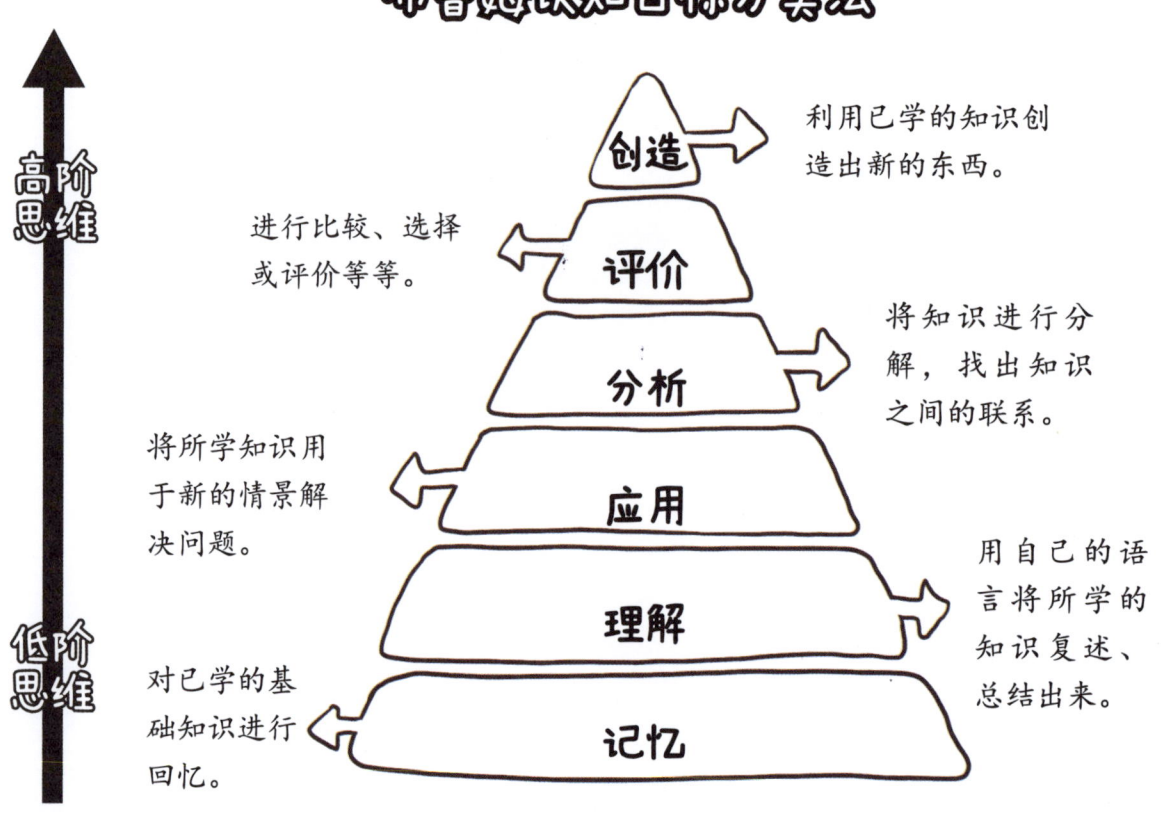

著名的教育心理学家本杰明·布鲁姆于1956年提出了认知目标分类法，并依此提出了布鲁姆提问法。

布鲁姆提问法把问题分成了6种类型。

深层问题：
- 创造性问题
- 评价性问题
- 分析性问题

特点：
1. 需要你运用所学的知识创造性地解决实际问题。
2. 问题的答案是开放的，并没有唯一的标准答案。

浅层问题：
- 应用性问题
- 理解性问题
- 知识性问题

特点：
1. 关注你对所学知识的记忆和理解。
2. 一般都有固定、明确的答案。

原来问题还有这么多类型，可以举个例子详细讲讲吗？

当然可以

假如你正在学习关于"放大镜"的主题知识

你可以根据布鲁姆提问法的6种类型，分别提出下面的浅层问题和深层问题。

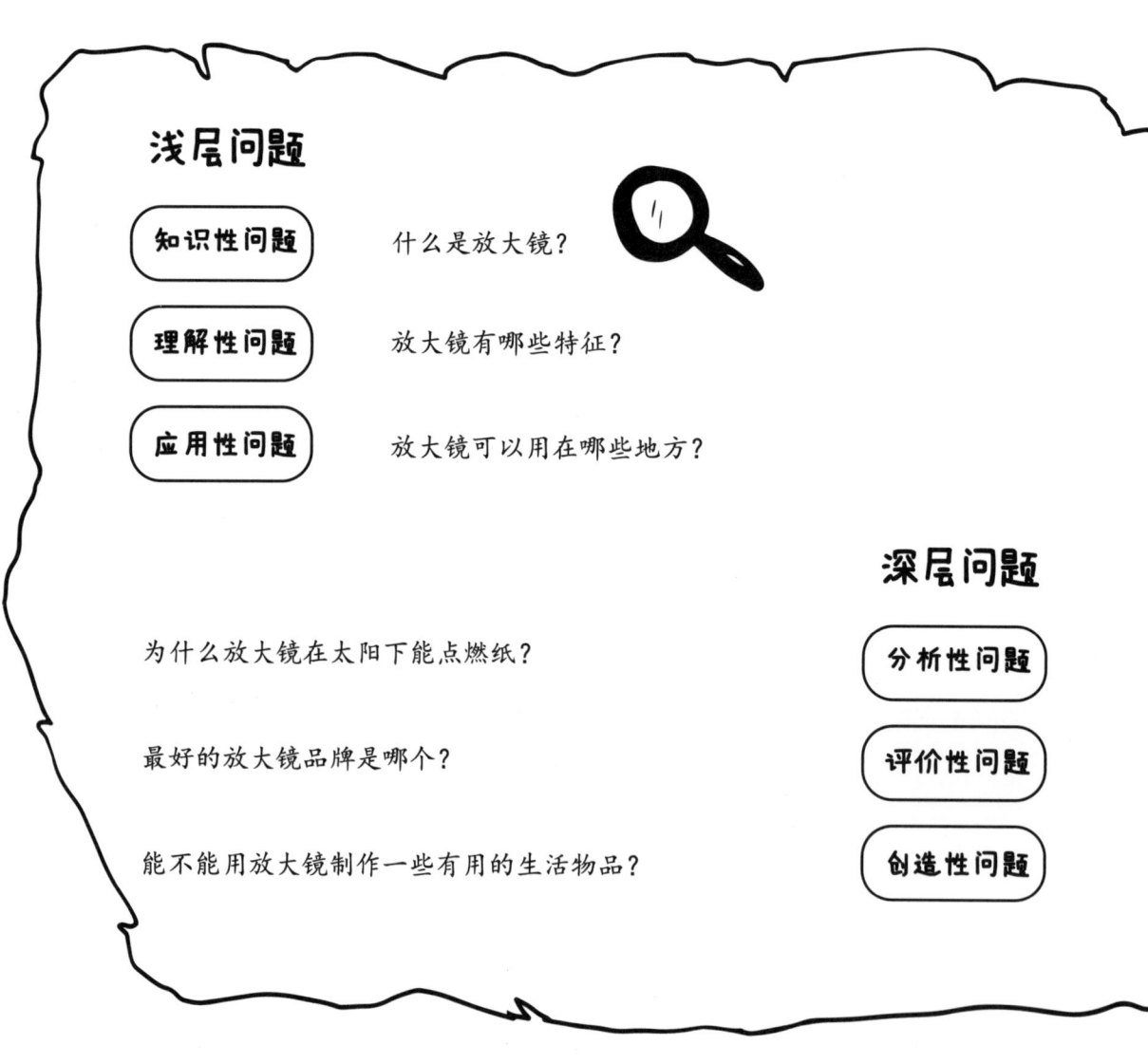

在越来越复杂的思维层次上，你才可以提出越来越深层的问题哟！

如何用布鲁姆提问法提问?

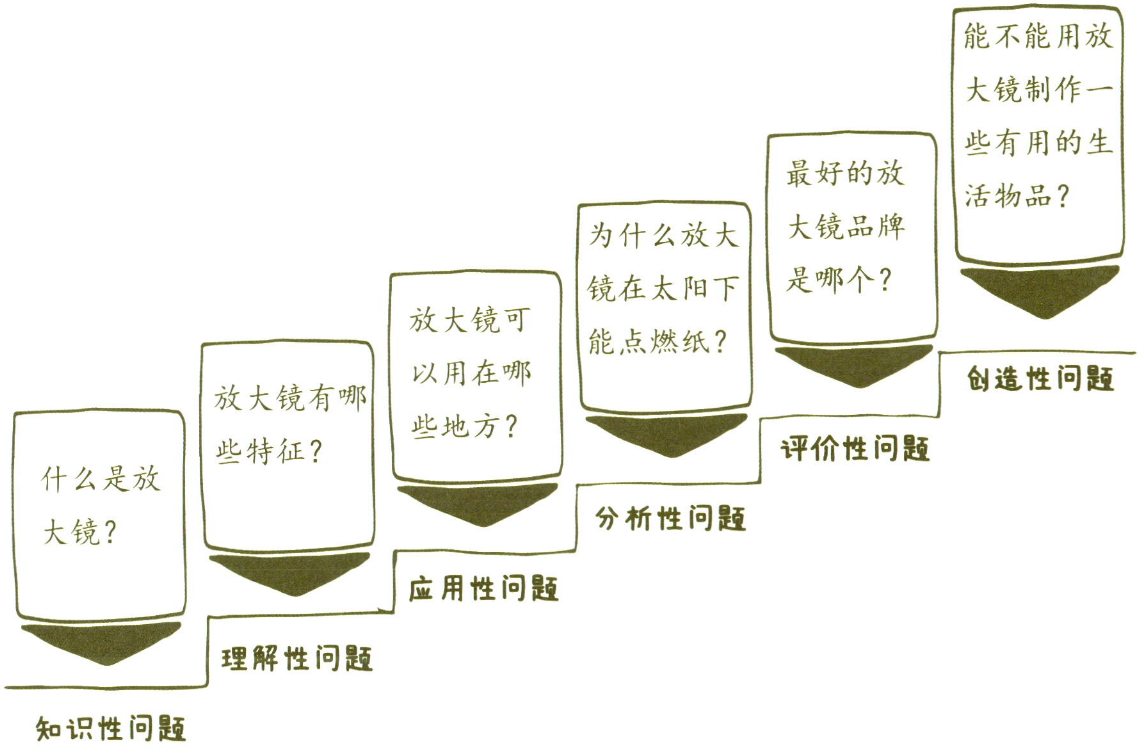

- 什么是放大镜? —— 知识性问题
- 放大镜有哪些特征? —— 理解性问题
- 放大镜可以用在哪些地方? —— 应用性问题
- 为什么放大镜在太阳下能点燃纸? —— 分析性问题
- 最好的放大镜品牌是哪个? —— 评价性问题
- 能不能用放大镜制作一些有用的生活物品? —— 创造性问题

5W1H提问法

> 当面对别人说出的一些话时，很多人容易人云亦云。这时，具有淘金式思维的你就可以通过5W1H提问法向自己提问，对这些话进行理性的分析和判断。

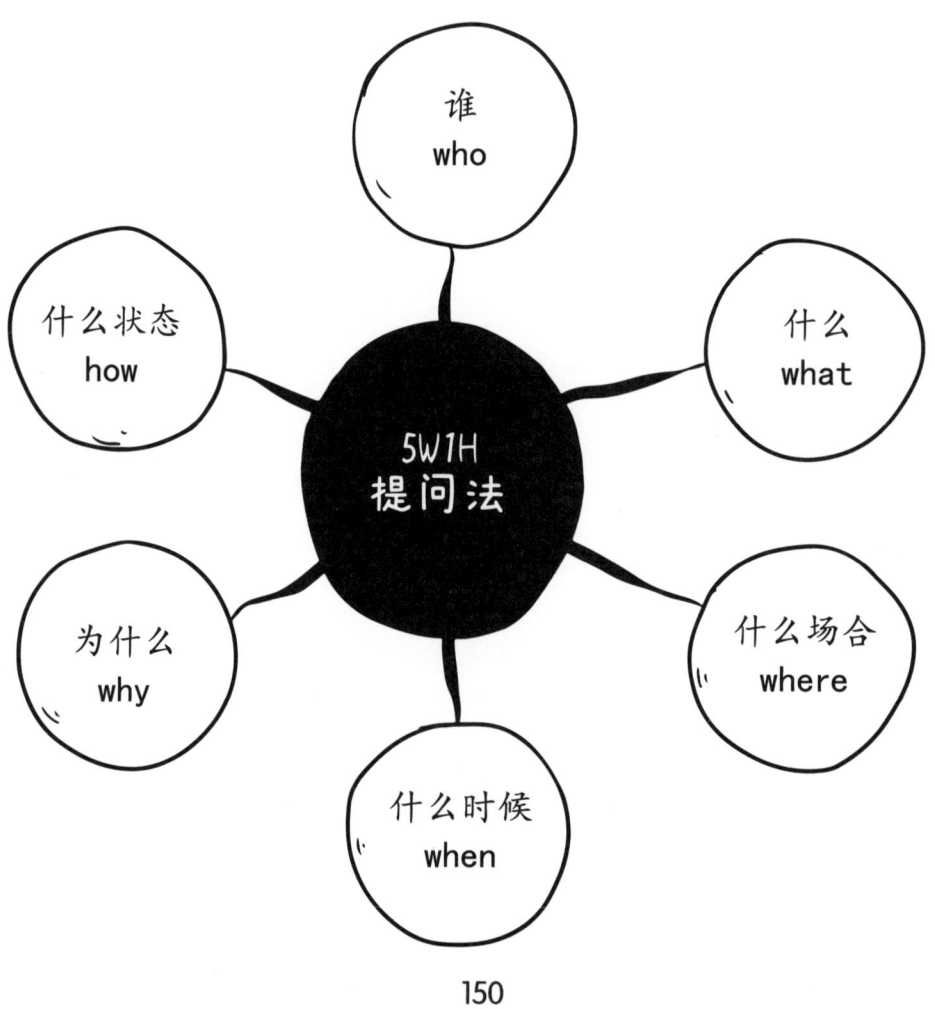

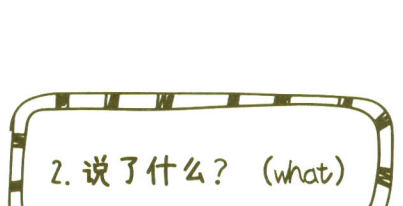

想一想，说话的人是谁。他/她是你熟悉的吗？是不是很有名望或是某方面的权威人士？……

回忆一下，他/她说了什么。然后想一想，他/她说的是事实还是观点？说话的人给出了所有的事实吗？

比如,"茄子非常吸油"这就是一个事实。事实就是可以被证明的陈述。

而"生吃茄子能吸走身体里多余的油脂,这样你就能越吃越瘦"则是一个观点。观点就是某人对某样事物的看法或感觉。

3. 在什么场合说的？（where）

说话人所在的场合也非常关键。想一想，他/她是在公共场合还是私底下说的？有没有其他人发表不同的意见？

> 这个视频是在网上发布的，他说希望大家把这个减肥的好方法转发出去，让更多人知道。

> 真的吗？我也要试试。
> 希望能减肥成功。
> 一点儿都不科学，不要相信。

> 但是我也注意到，在评论区里，有人说这种方法不科学，并不赞同。

4. 什么时候说的？（when）

有些时候，说话人说的话会和某件事情有关。

这时，你就可以考虑说话人是在这个事情发生前、发生中，还是发生后说的这些话？你或许可以从中推测出说话人的意图。

说话的时间点 → 推测 → 说话人的意图

5. 为什么这样说？（why）

一般每个人说的话都会带有自己的目的。有时候也许说话人自己就会把目的表达出来。当然，更多时候需要你自己去分析。

这些话是在有意地美化或丑化一些人或事吗？

这位营养师鼓励大家多多转发他的视频，所以我觉得他的目的只是想博取眼球，让更多人关注他。

6. 说话时的状态如何？（how）

一个人说话时的表情、语气、动作等，也会透露出说话人说话时的真实感受。回忆一下，他/她说话时看起来是开心的？难过的？生气的？还是真诚的呢？

5W1H提问法的6个问题

谁 who
这是谁说的？
说话人是你熟悉的吗？是不是很有名望或是某方面的权威人士？……

什么 what
说了什么？
说话人说的是事实还是观点？说话的人给出了所有的事实吗？

什么场合 where
在什么场合说的？
说话人是在公共场合还是私底下说的？有没有其他人发表不同的意见？

什么时候 when
什么时候说的？
说话人是在某个事情发生前、发生时，还是发生后说的这些话？

为什么 why
为什么这样说？
说话人是在有意地美化或丑化一些人或事吗？

什么状态 how
说话时的状态如何？
说话时，说话人看起来是开心的？难过的？生气的？还是真诚的呢？

阅读三段式提问

> 拿到一本故事类的虚构类作品时,无论是在阅读前、阅读中、阅读后,你都可以通过提问的方式,帮助自己理解作者的写作目的,加深对阅读内容的理解和思考。

阅读提问的三个阶段

阅读前	阅读中	阅读后
激发兴趣,激活大脑	拓展思考	输出与迁移

小时候，爸爸妈妈是不是会经常陪伴你一起读书，有时他们还会问你一些和书里内容相关的问题。

可别小瞧了这些问题，正是这些提问，促使着你在阅读时不停地思考。

随着年龄的增长，爸爸妈妈会逐渐放手，大多数时间你都是一个人静静地阅读，但是阅读提问的好习惯可不能丢哟！

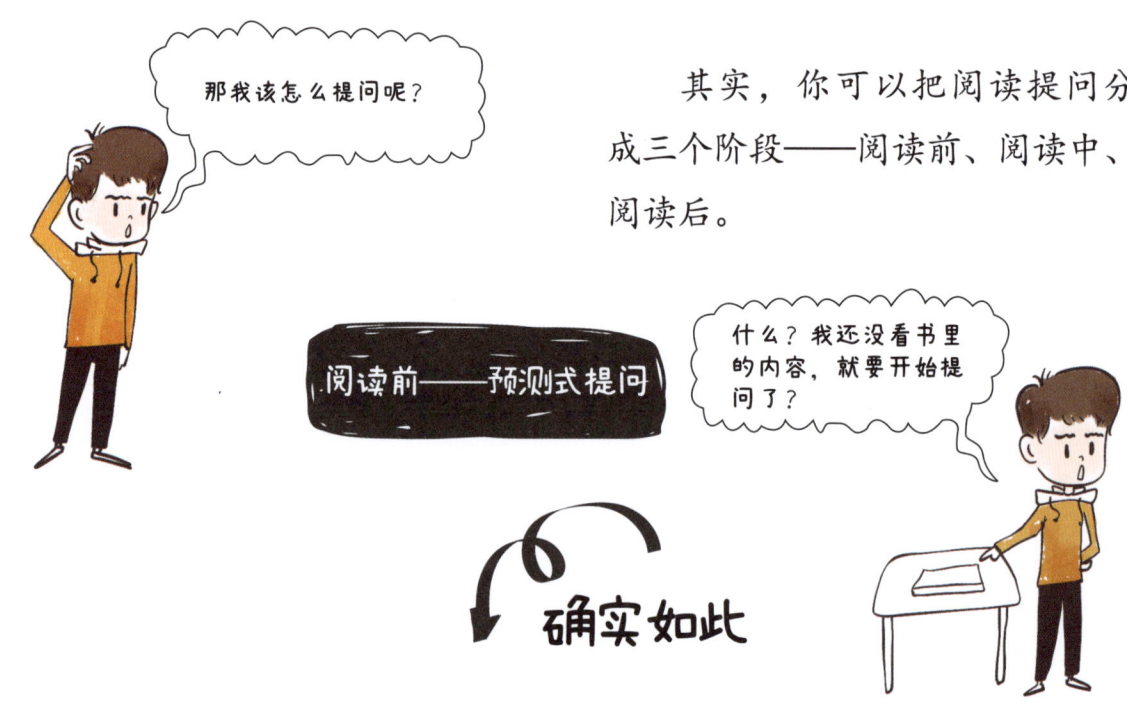

其实，你可以把阅读提问分成三个阶段——阅读前、阅读中、阅读后。

你可以从<u>作者、封面的书名、图画、文字，或者封底的故事简介</u>中寻找线索，进行预测式提问，激发自己的阅读兴趣，提前让大脑兴奋起来。

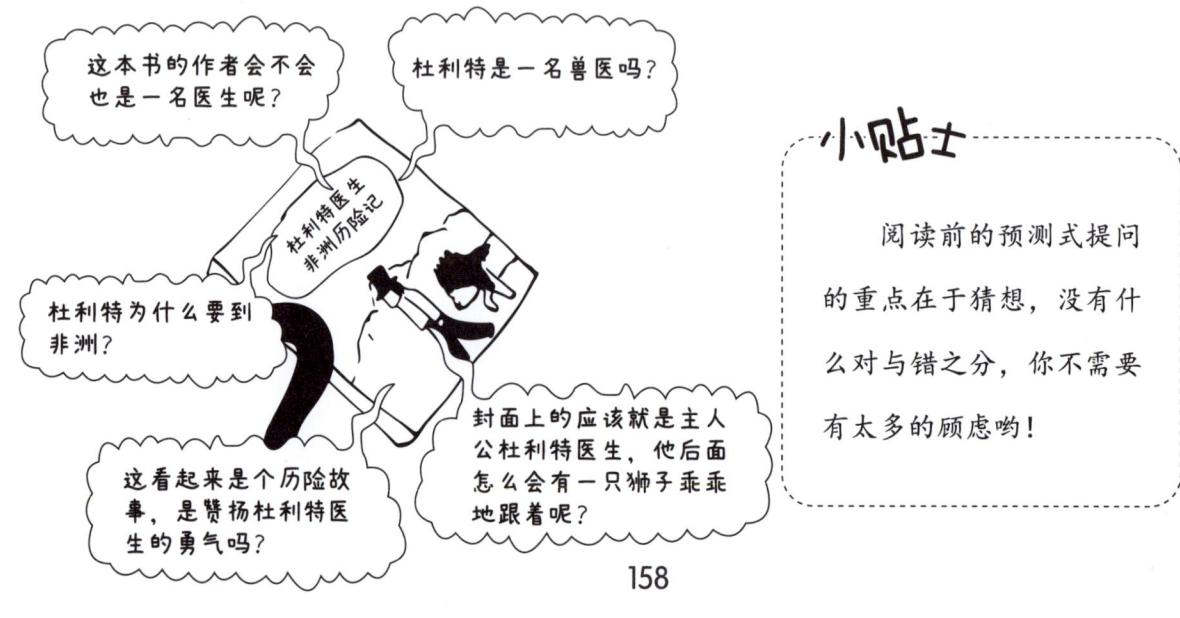

小贴士

阅读前的预测式提问的重点在于猜想，没有什么对与错之分，你不需要有太多的顾虑哟！

阅读中——分析式提问

阅读中是阅读的一个重要阶段，这时候你除了可以继续进行预测式提问，比如：

接下来会发生什么？
故事的结局可能是怎样的？

更重要的是进行分析式提问！

比如，分析故事的情节、背景、人物的个性等。

具体分析一些什么呢？

故事的这个情节是怎么发生的？

必须要把故事发生的背景设定在这个时间和地点吗？

这个人为什么会这样做，这样说？

阅读后——总结和联结式提问

阅读后，你更可以通过总结和联结式的提问，提升对一本书的理解。

比如：复述故事。

这个故事主要讲了什么？

哈哈，这可是以前爸爸妈妈最喜欢问我的问题了。

其实，爸爸妈妈通过这类总结式的提问，主要就是想了解你对一本书内容的掌握程度。

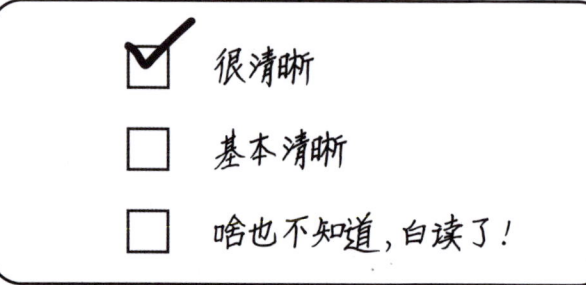

☑ 很清晰
☐ 基本清晰
☐ 啥也不知道，白读了！

另外，你还可以进行联结式的提问。

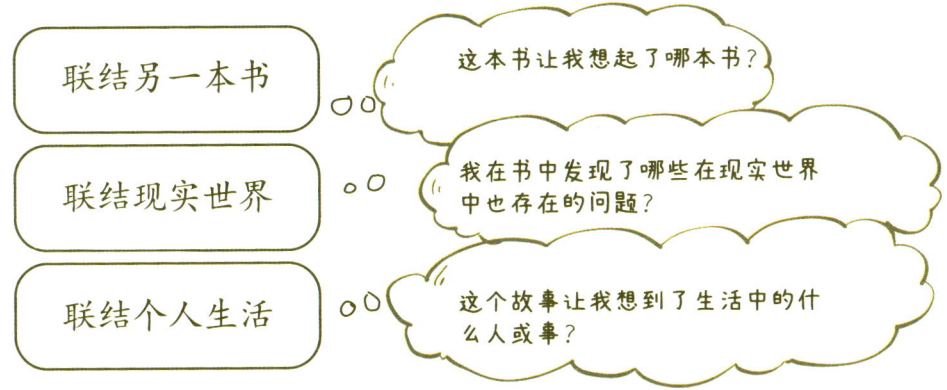

这样你就可以通过自我提问，从更多角度深入思考一本书。

小贴士

阅读三段式提问对阅读科普类的非虚构类作品同样适用，只不过你要考虑的具体问题就不太一样了。开动你的小脑筋想一想，你又该向自己问一些什么问题呢？

画重点

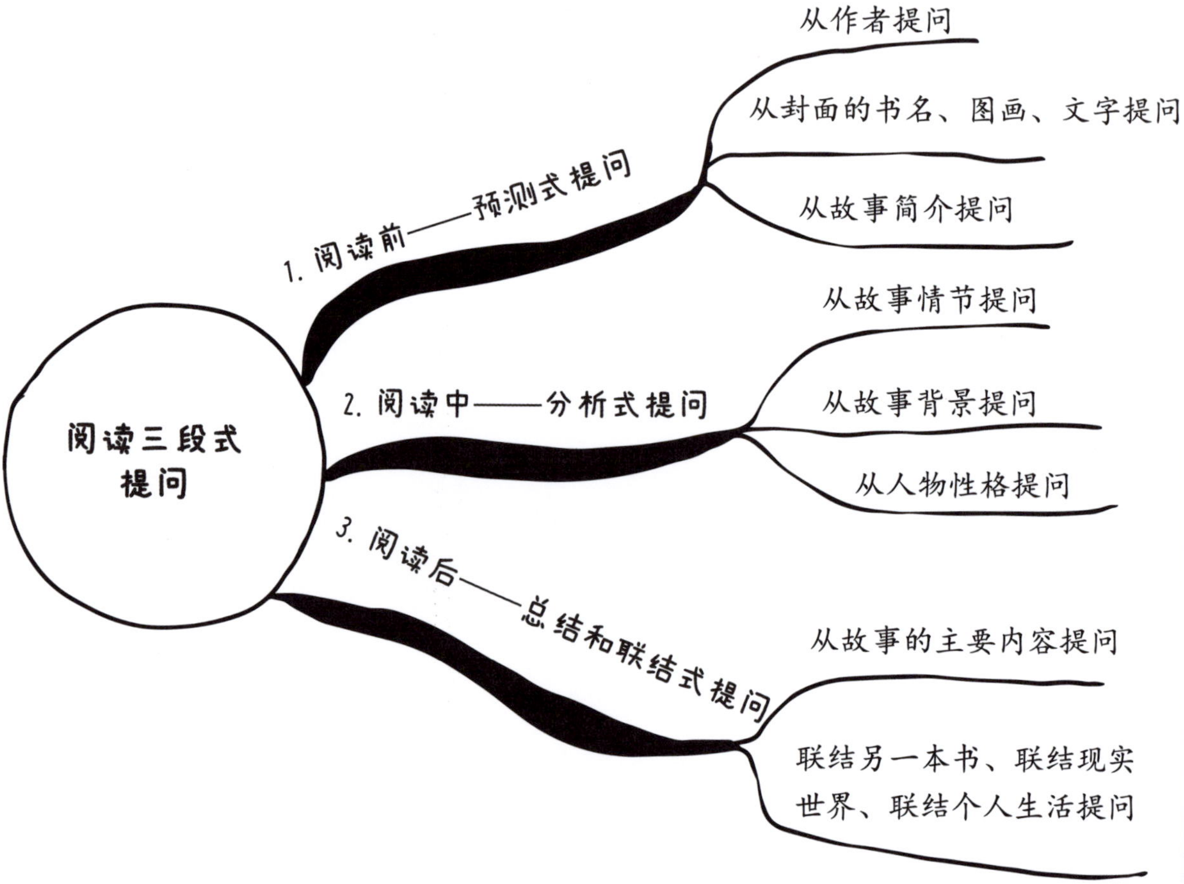

- 阅读三段式提问
  - 1. 阅读前——预测式提问
    - 从作者提问
    - 从封面的书名、图画、文字提问
    - 从故事简介提问
  - 2. 阅读中——分析式提问
    - 从故事情节提问
    - 从故事背景提问
    - 从人物性格提问
  - 3. 阅读后——总结和联结式提问
    - 从故事的主要内容提问
    - 联结另一本书、联结现实世界、联结个人生活提问

（以故事类的虚构类作品为例）

让大脑"高效"地学习

沉浸课堂，让45分钟效率翻倍

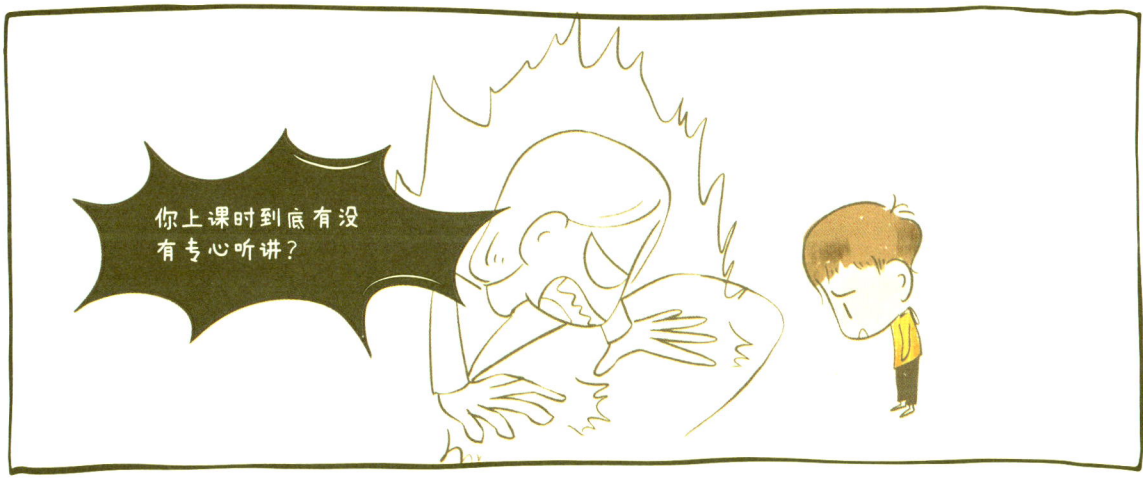

虽然并不想告诉你这个坏消息,但是就像阿力一样,如果上课不专心听讲,就不得不面对一些不好的后果。

没错!事实上,不能在课堂上保持专注,这并不是阿力一个人会犯的毛病呢。

上课走神

上课才上几分钟,就想入非非,心神不定。

小动作不断

忍不住和同桌窃窃私语。

偷偷在桌斗里玩橡皮、打游戏、看漫画……

传小纸条。

犯困,哈欠连天

为什么上课专心听讲好像是一件很难的事情?

其实,让你上课注意力不集中的原因有很多。比如

1. 没有良好的身体状态。

明天还要上课,再玩一局我就睡觉。

肚子好饿啊!

好像还有点渴。

这很重要

保证充足的睡眠是上课能保持专注的基础。

上课前食物和水的补充也很重要,这样才能有一个良好的身体状态去听课。

2. 学习环境影响。

想象一下,如果你在上课铃响起时才跑进教室,气喘吁吁地从你乱七八糟的书桌里翻找着课本。恰巧,你的同桌还时不时地和你窃窃私语……

这真是糟糕透了!不是吗?估计你接下来整节课的状态都不会太好。

3. 缺少兴趣。

人们对于自己缺少兴趣的东西,总是很难保持较长时间的专注,学习也是这样。

这些都会降低你的专注力,阻碍你在上课时产生心流体验!

心流体验究竟是什么？

心流体验是由美国心理学家米哈里·契克森米哈赖提出的，是指你在做某些事情时，那种全神贯注、投入忘我的状态。

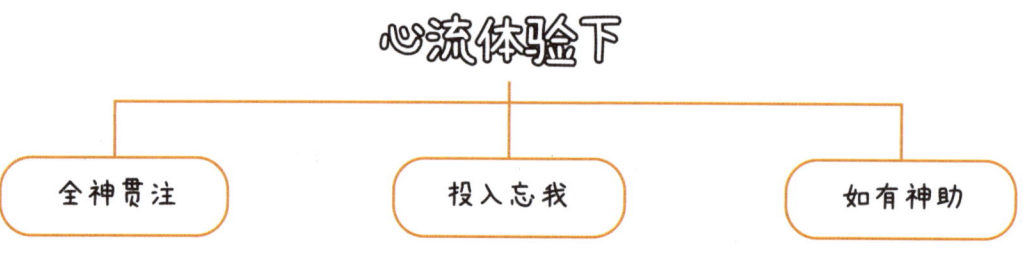

其实心流体验并不神秘，很多时候你都产生过心流体验，只不过你可能没有太注意而已。

比如

你正在看一本惊险的侦探小说，连妈妈叫你吃饭都没有听见。

你津津有味地拼着乐高，不知不觉，一个下午的时间就过去了。

心流体验之后，你会感觉自己非常愉悦、满足，全身充满了能量。

翻到下一页，看看具体怎么做吧！

学习环境创设法

你听过"近朱者赤,近墨者黑"吗?一个好的学习环境会对你有熏陶和约束的作用。只有排除了课堂上的干扰环境,你才能更加专注地学习。

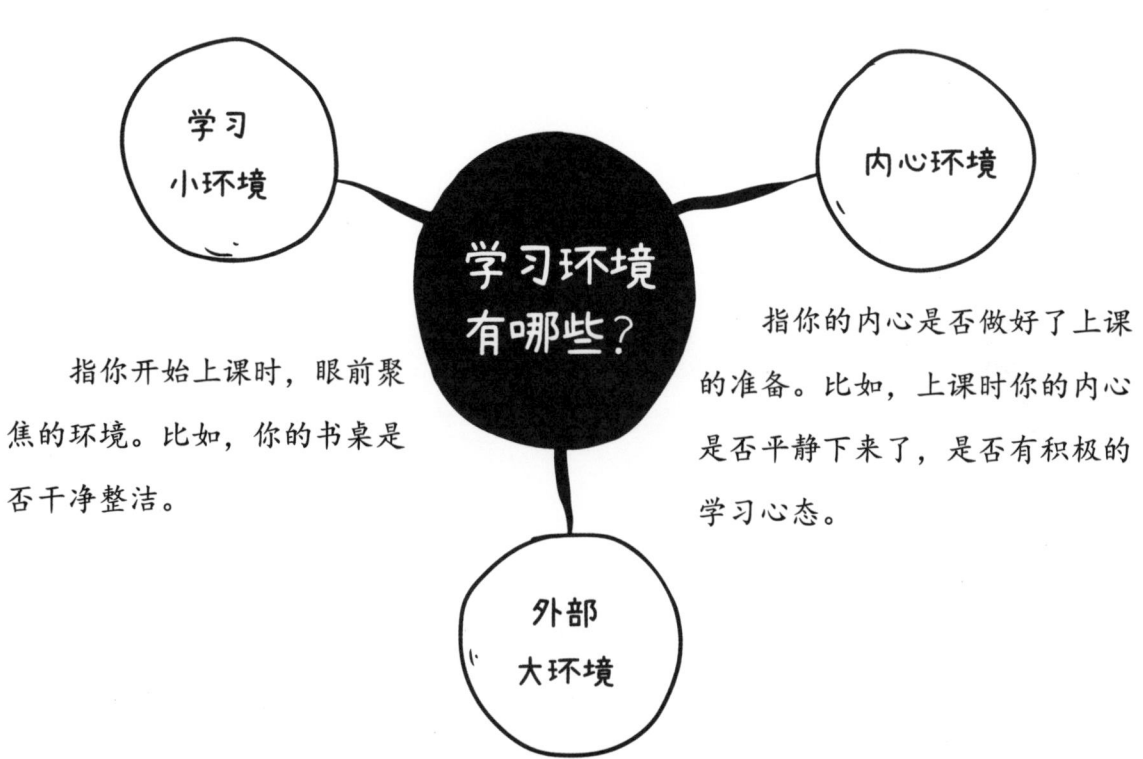

学习小环境

现在请闭上眼睛回忆一下,你的课桌平时都是什么样的?

会不会各科试卷、习题册、课本、文具等横七竖八地丢得到处都是?有时候连吃完的食物包装袋都还塞在桌斗里?……

当上课铃响起,老师已经开始讲解昨天发下来的试卷时,你却还在到处翻找。

也许你还不知道——"课桌"就是你的另一张面孔,它已经将你的学习状态一览无余地展现了出来。

你可以通过整理,让别人对你刮目相看。整齐的课桌也会让你听课时注意力更加集中。

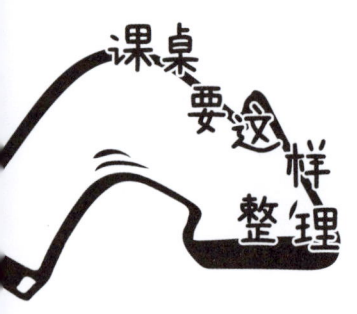

桌面上

只摆放跟本节课相关的课本及学习资料。把橡皮、铅笔、尺子等物品都装进文具盒里,然后按要求放在桌面上。

这是真的!

上课时,任何杂物都有可能分散你的注意力。

> 我们老师不仅要求我们把桌面整理干净，就连桌斗也有要求。

桌斗里

没错，桌面上应该只摆放少量的书本和学习物品，而更多的则应该被有序地收纳进桌斗里。

分类方法
- 按学科分，如语文、数学、英语等。
- 按类别分，如教科书、作业本、试卷等。
- ……

你可以这样

或许你还有其他更细致、更方便的分类方法，这都无所谓，只要你的收纳方式能提高听课效率就没问题。

> 哎呀，这是哪里传来的怪味，好难闻啊！

> 呃，上周吃剩的早点忘在桌斗里了。

注意！

桌斗里的垃圾一定要及时清除，要不然你可能就会像阿力一样尴尬了。

上课铃声响起,你急匆匆地跑进教室,屁股刚挨到凳子上,老师的讲课声已经传来。此刻,虽然你的身体坐进了教室里,但是内心还久久不能平静……

是啊,那我该怎么办?

这样做 试试

上课前

1.按摩伸展放松法。

伸伸腰让我感觉很舒服。

揉揉耳朵可以消除我的疲劳。

上课前,你可以提前1~2分钟进入教室,坐在座位上按摩一下自己的耳朵、肩膀、手臂,或者坐在椅子上做一些伸展运动。这会让你更容易放松下来,产生愉快的感觉。

2. 深呼吸

在开始上课前,你还可以做做深呼吸,让一切纷乱的杂念都从自己的大脑中清除。

你可以从1数到5,一边心里默数,一边深吸一口气。然后从5数到1,一边倒数,一边慢慢呼气。重复几次这样的深呼吸,你的身心也会慢慢放松下来。

深呼吸时,不妨想象自己是在闻蛋糕——吹蜡烛。

往里吸气的时候,就像闻到了蛋糕的香味,往外呼气的时候,就像要把蜡烛吹灭。

当然，还有一些好方法，能让你在上课时调整好自己的内心状态，专注听课。

上课时

上课时保持一个良好的坐姿很重要。坐直身子会让你有一种潜意识的紧迫感，也可以一定程度上抵御困意。

积极回答问题的你很容易跟着老师的思路去思考，这样你的注意力就不会随意跑偏了。

> 小贴士
>
> 遇上会的问题时，你可以大胆地举手回答；遇到不会的问题时，你也不用沮丧，认真听老师讲解就好了。

外部大环境

也许你还从来没有认真地考虑过这个问题,但是它的影响确实存在。

当然,教室里的座位大都是老师安排的,也许你没有办法改变。但当你坐在这些位置时,你可以特别提醒自己:"要更加专注哟!"这样你就能主动预防注意力被分散。

其实，除了座位位置，更容易分散你的注意力的很可能是坐在你周围的同学。

你可以假装听不见，不理会他/她，也许说话的人觉得无趣就不会再找你了。或者你也可以直接拒绝他/她："上课时间不要说话。"

如果上面的方法都不管用，你还可以试试向你的老师寻求帮助。

学习环境创设的注意事项

学习小环境	1. 桌面上只摆放跟本节课相关的课本及学习资料。把橡皮、铅笔、尺子等物品都装进文具盒里，然后按要求放在桌面上。 2. 桌斗里分类有序摆放物品。

内心环境	**上课前** 1. 按摩伸展放松法。 2. 深呼吸。	**上课时** 1. 保持良好的坐姿。 2. 积极回答问题。

外部大环境	1. 当处于易分散注意力的座位时，要特别提醒自己："要更加专注哟！" 2. 避免被周围的同学分散注意力。

目标听课法

带着目标听课，更容易激发你的听课兴趣，你也可以从容地调节自己听课时的心理状态，在关键时刻集中更多注意力，让记忆更加深刻。

你知道吗？不同年龄段的孩子可以连续集中注意力的时长是不一样的。

儿童不同年龄阶段连续集中注意力的时长

年 龄	7~10岁	10~12岁	12岁以上
连续集中注意力的时长	20分钟	25分钟	30分钟

所以在课堂上要做到百分百的专注，这对于你来说可能是一件特别困难的事情。即使是学霸，也很难做到。

虽然你很难做到在45分钟的课堂上百分百的专注，但是这并不会真正影响你的学习，关键是——你要把宝贵的注意力放在重要的时候。

别着急，继续往下看。

首先,你可以在上课前通过提问的方式,提前锁定课程的"重点内容"和"自己想知道的问题"。

就像这样

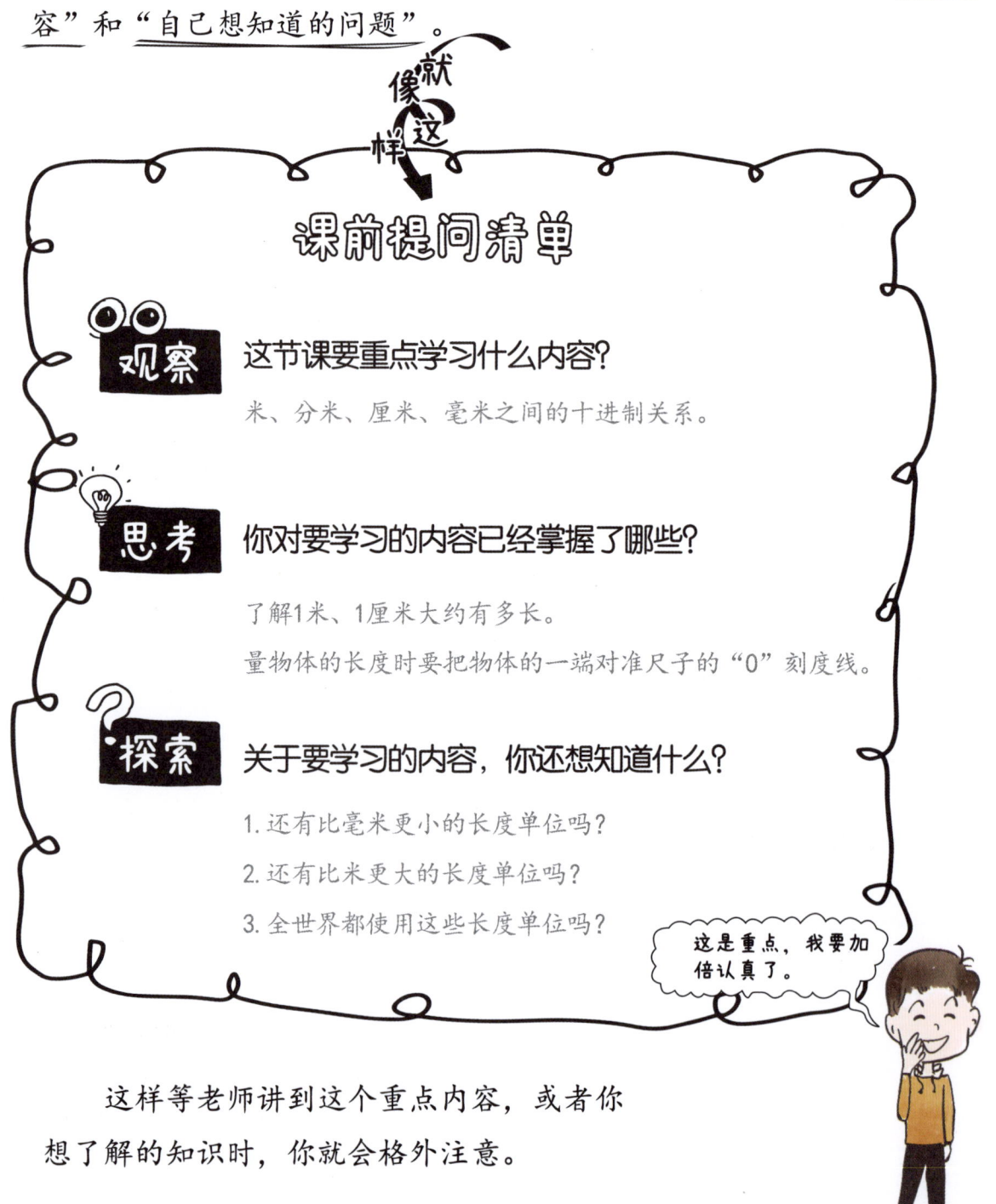

课前提问清单

观察 这节课要重点学习什么内容?

米、分米、厘米、毫米之间的十进制关系。

思考 你对要学习的内容已经掌握了哪些?

了解1米、1厘米大约有多长。
量物体的长度时要把物体的一端对准尺子的"0"刻度线。

探索 关于要学习的内容,你还想知道什么?

1. 还有比毫米更小的长度单位吗?
2. 还有比米更大的长度单位吗?
3. 全世界都使用这些长度单位吗?

这是重点,我要加倍认真了。

这样等老师讲到这个重点内容,或者你想了解的知识时,你就会格外注意。

你可以在上课前、晚上完成作业后,或者利用一天中的任何碎片时间,提前把下次要学习的内容浏览一遍,然后花几分钟完成这些问题。

小贴士

提前浏览一遍下次要学习的内容,可不是让你提前学习,你只要弄清楚重难点大概是什么,自己有什么问题就可以了。

如果你在课堂上发现老师说出下面这些话时,也要立刻专注起来了。

老师就是用这些提示语告诉你,这里是重难点或者是容易出错的地方,你需要赶紧认真听讲了。

如何带着目标听课?

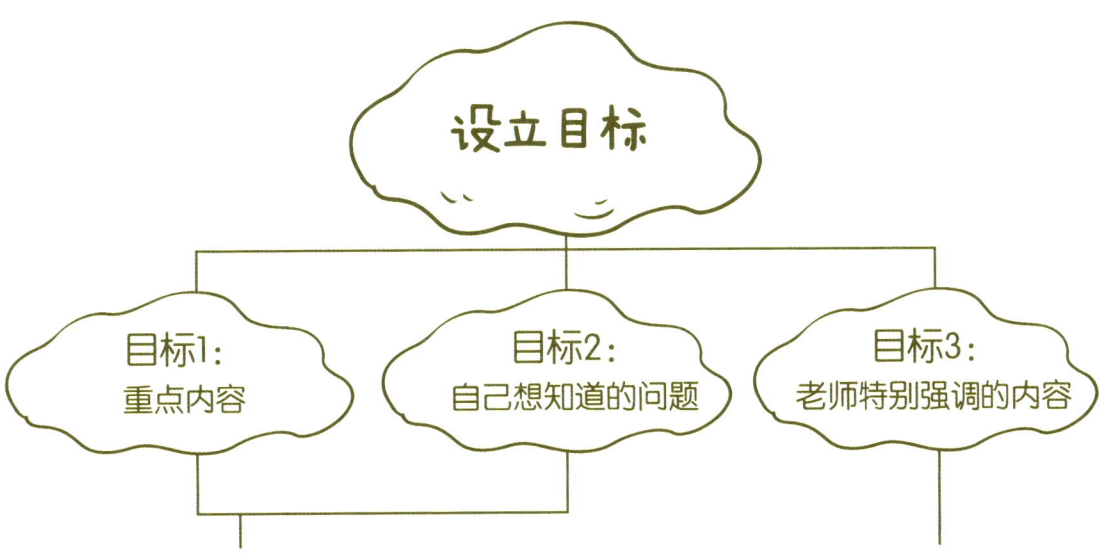

在上课前、晚上完成作业后,或者利用一天中的任何碎片时间,提前把下次要学习的内容浏览一遍,然后花几分钟填写"课前提问清单",提前锁定重点内容和自己想知道的问题。

当老师说出下面这些提示语时,就是告诉你需要专注起来了。

- "大家注意……"
- "我再重复一遍……"
- "这个问题的关键是……"
- "这是个重要的知识点……"
- "这里经常容易犯的错误是……"
- ……

高效笔记法

> 边听讲边做笔记是一种很重要的听课方法，它会迫使你专注于课堂上老师所讲的知识，不断地跟着老师的要求进行积极思考，保持行动和思考一致。完成的课堂笔记也会是你今后复习时的一份重要资料。

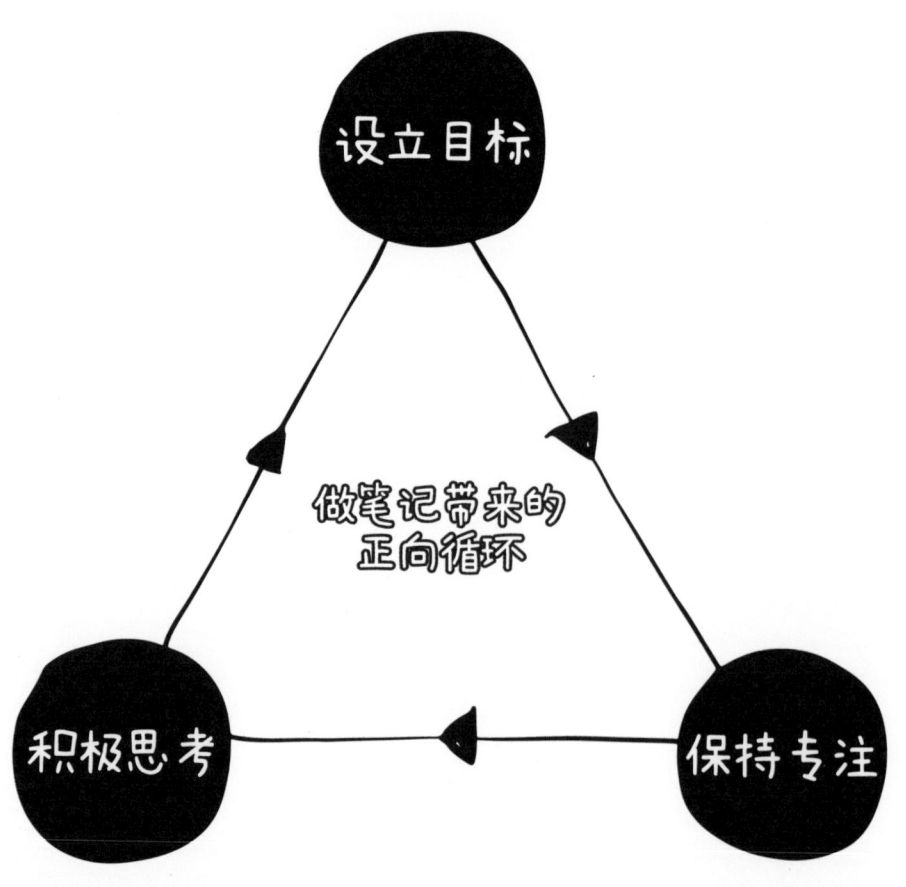

瞧，阿力这是走进了做笔记的误区！

我也尝试过做笔记，可是结果糟透了。

我光忙着抄老师的板书，结果老师说了什么我都没听见。

误区1：只是照抄板书。

切记，做笔记可不仅仅是抄板书！

不抄板书，那我上课记些什么呢？

一般情况下，你可以以老师的板书为主，因为板书能呈现出课本内容的结构体系和知识要点。

但是一节课的重要内容可不止这些，你还要及时捕捉板书之外老师讲到的重点内容，把它们记录下来。

更多误区

误区2：笔记记得又全又细。

老师讲得太快了，根本记不下来啊！

课堂做笔记可不是让你把老师说的每一句话，写的每一个字都记录下来。你要善于抓住关键词，简明扼要地记录。

小贴士

当老师讲的重点内容就在书上时，你也可以用画线，或用自己喜欢的符号在书上标注出来。

误区3：一味追求好看。

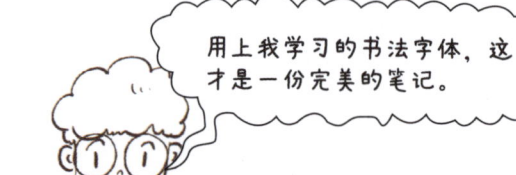

我特意带了一盒彩笔来做笔记，这样就可以做出漂亮的笔记了。

用上我学习的书法字体，这才是一份完美的笔记。

课堂笔记的重点在于你记录的内容,千万不能为了追求好看而跟不上老师讲课的节奏。

小贴士

课堂笔记只要字迹工整,你自己能看清楚就可以。

太好了,避开这些做笔记的误区,这下我做笔记应该没问题了吧?

等等——

这里还有3种高效笔记方法传授给你,它们会让你的课堂笔记更加出色哟!

我离学霸又近了一步!哈哈哈哈!

关键词笔记

关键词笔记是一种简单又高效的笔记法。上课时，你只需要把笔记本划分成两部分，左侧是笔记区，然后总结出相应的笔记关键词写在右侧。

笔记区	关键词
妈妈睡着了	课文结构
真美丽 { 明亮的眼睛——紧闭着 / 弯弯的眉毛——睡在红润的脸蛋上 }	美丽
好慈祥 { 微微地笑着 / 嘴巴、眼角都挂满笑意 } 像在睡梦中想故事	慈祥
好累 { 呼吸深沉 / 头发粘在渗出汗珠的额头上 / 听不见小鸟唱歌、风声 } 真该好好睡一觉	累

笔记区　　　　关键词

你可以在笔记区记录老师的板书和板书之外的重要内容。

注意，笔记区是你的重点书写区域，在划分的时候，一定要给笔记区留好充足的位置。

做笔记时，提炼关键词也很重要，它能帮助你在复习时快速回忆起课程中的重要内容。

注意，关键词不能写得过多，要不然就不能起到快速提醒的作用了。

小贴士

如果你在听课过程中产生了疑问，还可以把问题及时写在"笔记区"的底部，提醒自己课后解决。

问答笔记

问答笔记是一种十分有趣的笔记方法，使用起来也非常简单。你可以把你的笔记本分成两部分，左侧记录你在课堂上听到的问题，右侧记录对应的答案。

问题？	答案！
什么是蒌蒿、芦芽、河豚？	蒌蒿：长在洼地的一种野草。 芦芽：芦苇的嫩芽。 河豚：味道鲜美但肝脏等部位有剧毒的鱼。在近海，每年春天逆江而上，在淡水中产卵。
"蒌蒿满地芦芽短"体现了怎样的景象？	春天的活力惹人喜爱
你能从《春江晚景》这首诗中找到春天的足迹吗？	桃花 鸭子戏水 蒌蒿长势很旺 鲜嫩的芦芽从土里钻出来

问题 ？ 答案 ！

为了让课堂更加生动有趣，老师经常会把很多重要内容以提问的方式抛出。所以当老师提问时，你一定要立刻专注起来。

注意，你可能会在"答案区"记录更多内容，所以给这个区域留下更多的位置吧。

另外，如果你在课堂上没有捕捉到问题的答案，别忘了及时在课后补充上哦！

有趣的复习方法

用问答笔记复习也是一件有意思的事情。复习时，你可以先用手把答案区遮住，自己先尝试回答这些问题，然后再和记录的答案对照，核对自己是否遗漏或者记错了什么。

3-2-1笔记

3-2-1笔记是一种任务式笔记，它的板块划分特别清晰，每个版块都有明确要记录的内容和要求，特别适合不爱做笔记，或者上课不知道记些什么的同学。

3个重点内容

1. 海洋动物多种多样。

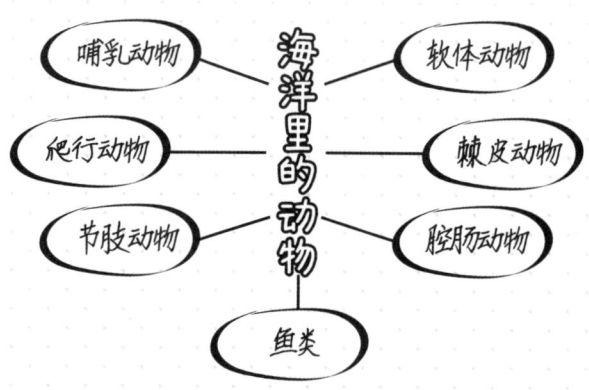

2. 海洋动物有不同的运动方式。
   旗鱼用鳍在水中游动
   章鱼用腕足移动，也能通过喷出水流向相反方向移动

3. 海洋动物有不同的适应海洋生活的方式。
   有些螃蟹栖于淡水或陆地
   海龟必须经常浮出水面呼吸空气

2个拓展知识

1. 鳄鱼不是鱼，是爬行动物。

2. 乌贼可以快速倒退。

1个学习疑问　海马是如何适应海洋生活的？

看着是不错，可是我还有一个疑问。

如果这节课的重点内容不止3个，而且拓展知识也比2个更多，怎么办？就不记录了吗？

当然不是

3-2-1笔记只是为了让你有一种任务意识，但不是只能记录这么多。

小贴士

做作业前、考试前都要经常翻一翻你的课堂笔记，及时回顾，这样你的记忆才会更持久。

做课堂笔记的3个误区

误区1：只是照抄板书。

除了板书，还要捕捉板书之外老师讲到的重点内容。

误区2：笔记记得又全又细。

要善于抓住关键词，简明扼要地记录。当重点内容在书上时，直接用横线或其他符号在书上标注出来。

误区3：一味追求好看。

课堂笔记只要字迹工整，自己能看清楚就可以。

适时复习，牢固掌握所学知识

我猜，你也有同感吧——觉得复习以前的知识很没意思，学过了就当自己掌握了，从不会去主动复习。

唉，那都是学过的了，再看一遍多无聊啊！

或是认为距离考试还有一段时间，不用着急复习，在考前突击复习一下就行了。

现在复习的话，到考试又忘了，那不就白复习了？

不用急，考前再复习一遍，就能考高分了。

也许，你还不知道不复习的后果。

瞧，这些都是——

唉，学了后面的就把前面的给忘了。

奇怪，这些数学题我怎么跟没有学过一样？看来又要重新学一遍了！

我也认真听课、做笔记了，为什么我的成绩却没有提高？

现在，你知道复习有多重要了吧？要知道，复习不是为了应付考试，复习更是一种好习惯。

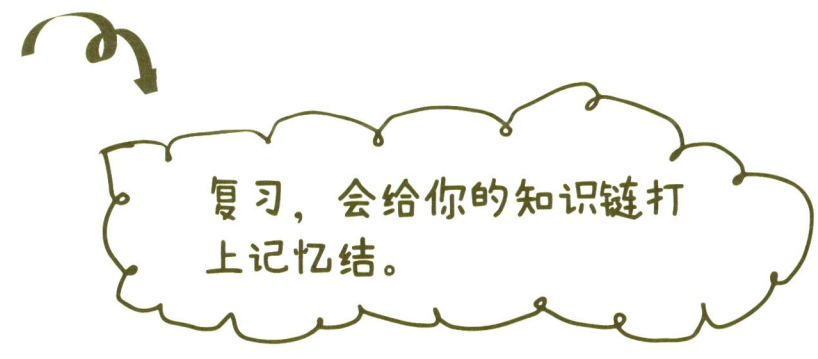

复习，会给你的知识链打上记忆结。

复习是怎样给知识链打上记忆结的？

知识链就像是一条把学习内容组织成环环相扣的知识链条,而知识是上面的珠子,要想让知识牢固地留在上面,你就需要给知识链打上结,也就是复习。

复习就是给知识链打上一个个记忆结,来帮助你巩固和强化知识。

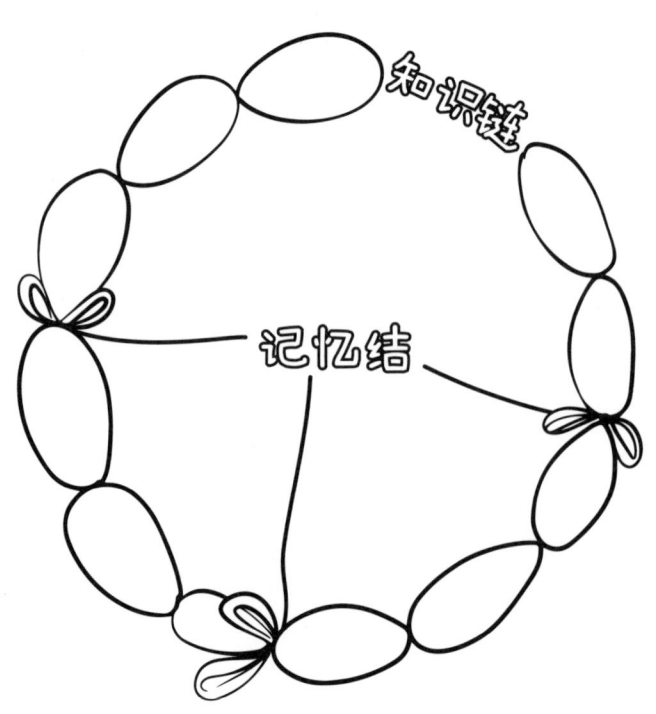

在学习过程中，要想进行高效复习的话，你可以尝试这样做：

① 学习新知识后及时检视

② 为一周所学知识进行分类

③ 对自己进行自我测试

④ 做好考前计划

太棒了，我真是迫不及待地想试试了！那具体应该怎么做呢？

别急，我们这就开始吧！

日常检视复习法

日常检视复习法能让你及时检验、查看自己所学的新知识，了解自己对知识的掌握程度，帮你巩固一天的学习成果。

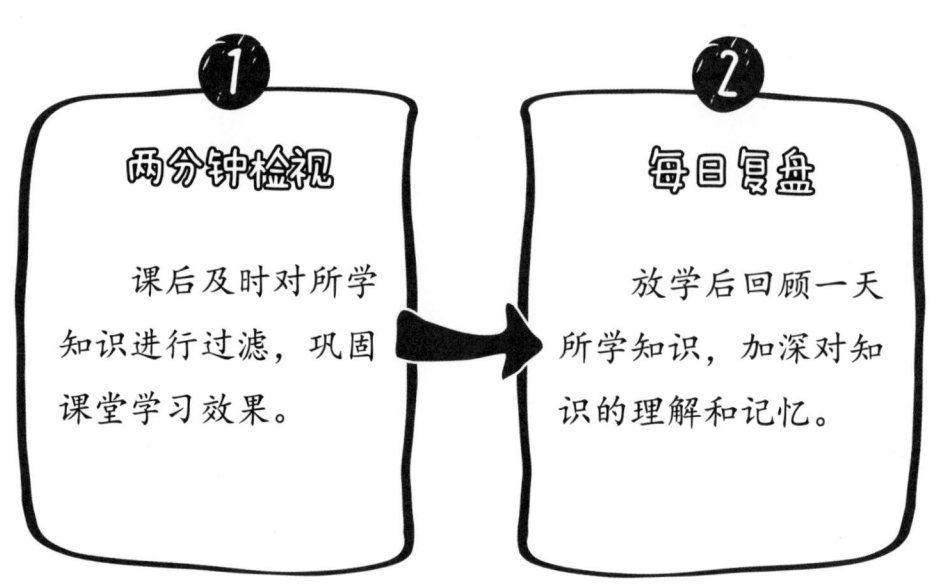

① 两分钟检视

课后及时对所学知识进行过滤，巩固课堂学习效果。

② 每日复盘

放学后回顾一天所学知识，加深对知识的理解和记忆。

两分钟检视

相信你一定希望能及时巩固课上所学到的知识。其实,你的这种愿望是可以实现的,并且只需要2分钟。

步骤1:闭上眼睛,在脑海中"过电影"

下课后,立即把课上学过的知识在大脑中"再现"一遍,就像"过电影"那样。

回顾时,需要集中注意力,你可以闭上眼睛,按照老师的讲解顺序进行回想。

步骤2：给知识进行分类

回顾结束后，你需要把知识按照自己的掌握程度进行分类。你可以用知识标记法在课本或笔记上标记一下自己是否弄懂了这个知识。

知识标记法

- **已经掌握**　能讲解这些内容。
- **大概掌握**　能看懂大部分内容，有些地方掌握得还不够熟练，需要多加练习。
- **尚未掌握**　看不懂大部分内容，有很多疑惑，需要及时请教老师或同学。

步骤3：及时向别人请教

回顾结束后，如果发现自己仍有未掌握的知识，要及时请教小伙伴或老师，让他们来帮助你弄懂这个知识。

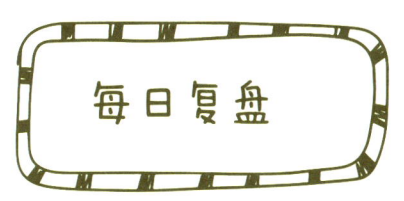

每日复盘

每天放学回家后,先复盘一下当天的课程内容,把知识融入大脑,再去写作业,不仅能让写作业进行得更顺利,还能让你每天都有一点收获。

我常听我爸说工作要复盘,难道复盘也适合小孩吗?

当然,复盘可不是大人们的专利哟!

也许你还不知道——复盘对于小孩也同样适用。

只不过,小孩的复盘跟大人们的有所不同,你只需要掌握好一条"复盘主线"就行了。

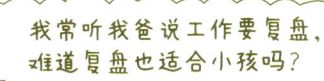

今天我学习了

我知道了

其中重要的是

我仍有疑惑的是

我计划

复盘时,你可以按照这条主线的提示去操作,让它来帮助你更好地梳理今天所学的知识和存在的问题。

下面一起来看看"复盘主线"是怎么使用的。

首先,回顾一下
"今天我学习了"

写作业前,先用几分钟在脑海中回想一下今天各科都讲了什么内容,你可以试着这样回顾:"今天我学会了……"

然后,想一想
"我知道了"

回顾完今天学习的内容后,你就要想一想你从这些内容中都知道了什么。

接下来,总结一下 "其中重要的是"

请你总结一下在今天所学的内容中,哪些是重点内容,并把它们列出来。

再接着,问问自己 "我仍有疑惑的是"

复盘的过程中,如果遇到不懂的地方,需要把疑惑及时记下来。

最后,思考一下 "我计划"

你要思考一下,你想用什么样的方式去解决你的疑惑。比如,通过查资料的方式去自己摸索一下,或是找他人帮忙解答,等等。

复盘时，你也可以把你想到的都写下来。这里推荐你一张"复盘时间"，让它来帮你记住每天的学习成果。

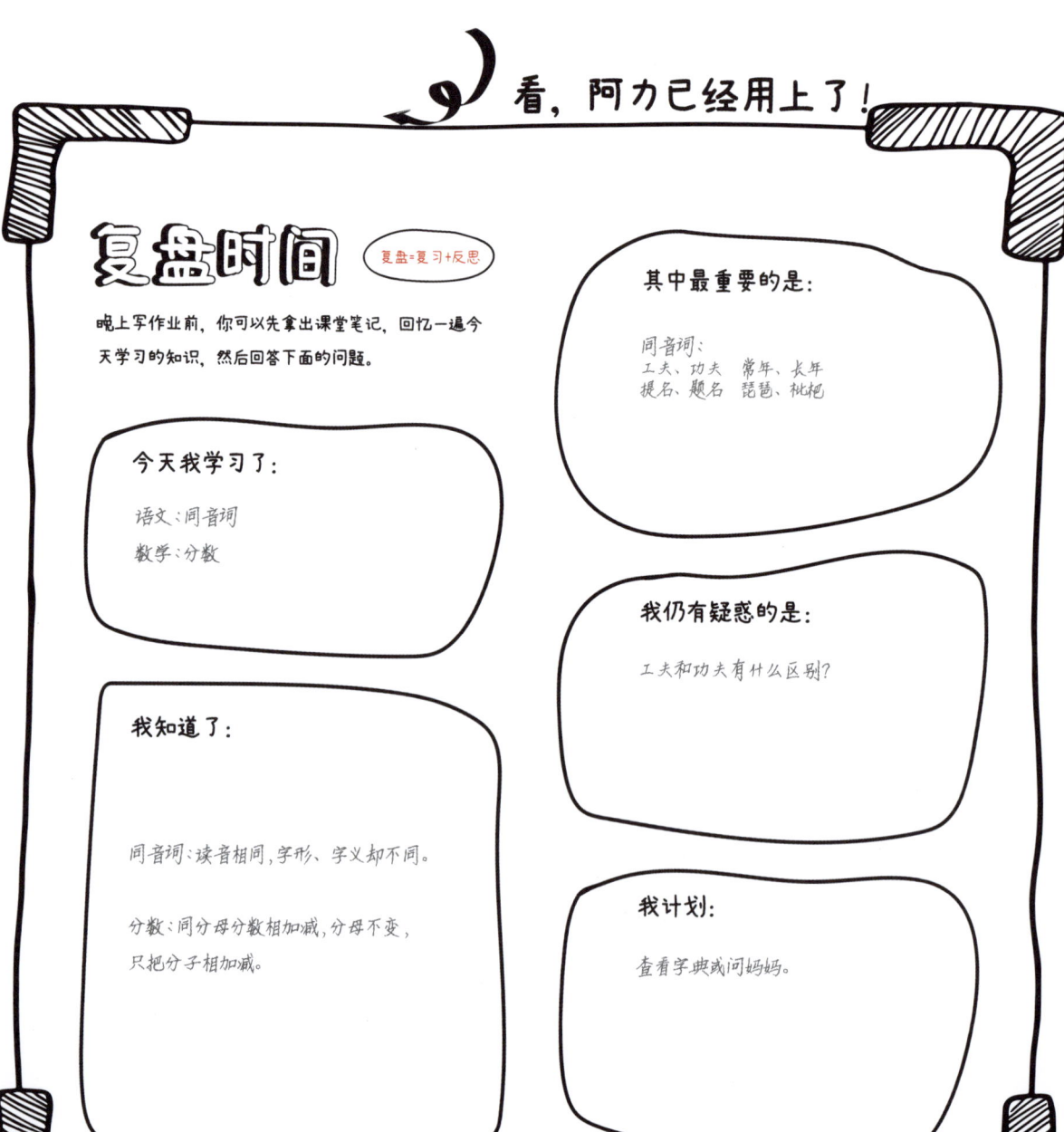

看，阿力已经用上了！

周末分类复习法

周末分类复习法能帮你把一周所学的知识按照重点、难点、易错点的方式进行分类,方便你在未来的学习和考试中快速找到需要复习的重要知识。

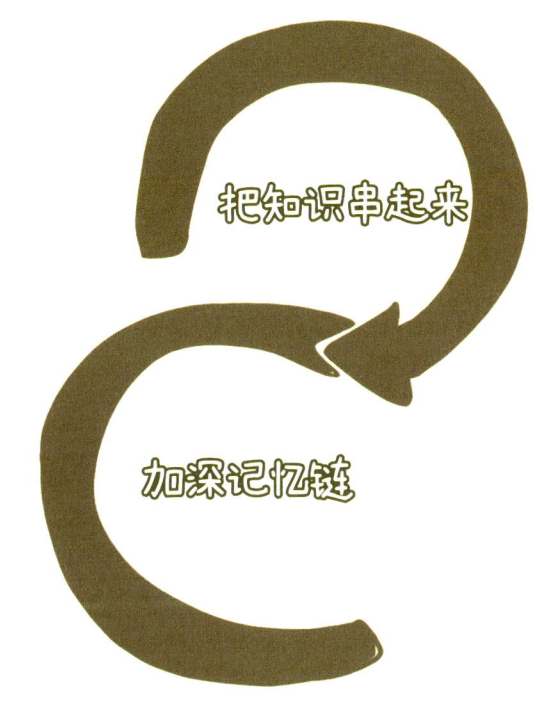

对一周所学的知识进行分类,方便日后查找和复习。

运用复习卡片,巩固一周所学知识点。

  一周是学习的一个小阶段。在周末，你可以对这一周的学习内容进行总结和复习，这对加深理解重难点知识十分有帮助。如果周末复习足够高效，这样到了期末复习的时候，你也会更省力。

> 原来周末复习这么重要,那周末到底该怎么高效复习呢?

来,一起看看!

步骤1: 回顾并整理一周所学的重要知识

首先,你可以找一个安静的周末上午或者晚上,打开书本和"复盘时间",把一周所学的重点知识进行回顾整理。

回顾的时候,你可以为每个重点知识提炼出一些关键词,并把它记下来,这样做可以帮助你在再次复习时快速回忆起这个重点知识的核心内容。

就像这样

本周知识梳理

> 重点是指必须掌握的基础知识,也就是学科的核心知识。

科目	本周重点
语文	叠词: 1. AABB式:隐隐约约、蹦蹦跳跳 2. ABCC式:金光闪闪、秋风习习
数学	角

步骤2：梳理出本周的难点知识和易错点

然后，找出本周的难点知识和易错点，并把它们记下来。这里需要提醒的是，发现的难点和易错点要及时解决，这样才能改善你的不足。

本周知识梳理

> 难点是指自己理解起来很困难，难以掌握的知识。

> 易错点是指自己容易犯错的知识。

科目	本周难点	本周易错点
语文	修辞： 1.比喻：把一物比作另一物，例如，月亮像小船。 2.拟人：把物当作人一样有感情，例如，蝴蝶在跳舞。	hǎo 好事儿 在这里"好"是形容词，优点多或使人满意的意思。 hào 好事者 在这里"好"是动词，喜好的意思。

小贴士

当你清晰地梳理出一周的重难点和易错点，周末复习也就有了目的和意义。

这些梳理后的知识会成为你下一周复习的重点，也将是你考试前要复习的重要内容。

这里推荐你一份"本周知识梳理",让它来帮你更好地梳理一周所学的知识。

瞧,阿力都写好了!

本周知识梳理

周末也要继续加油哟　　第4周　日期：6·15

除了完成作业,别忘了再来一场及时的复习小结。

	本周重点	本周难点	本周易错点
语文	叠词： 1. AABB式：朦朦胧胧、膨膨脆脆 2. ABCC式：金光闪闪、秋风习习	修辞： 1. 比喻：把一物比作另一物,例如：月亮像小船。 2. 拟人：把物当作人一样有感情,例如：蜻蜓在跳舞。	hǎo 好事儿 在这里"好"是形容词,优点多或使人满意的意思。 hào 好事者 在这里"好"是动词,喜好的意思。
数学	角： 	角的大小与两条边的长短无关。  这两个角一样大。	直角和钝角拼出来的角一定是钝角。 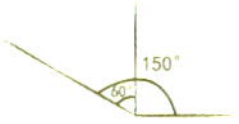 150°
英语	名词复数规则： s、ss、sh、ch及辅音+o加es 一般情况加s	可数名词复数不规则变化： ox——oxen mouse——mice goose——geese	fish的复数有两种： 1. 指鱼的条数或尾数时,复数形式为fish 例如：three fish 三条鱼 2. 指鱼的种类时,复数形式是fishes 例如：three fishes 三种鱼
其他			

梳理完一周的知识后,我们就进入最重要,还很有趣的环节——制作复习卡片。

要推荐给你的第二种复习卡为问答卡,你可以将卡片做成正反面的形式,只需分别在卡片的正反面上写上问题和答案就行了。

把问题写在卡片的正面。

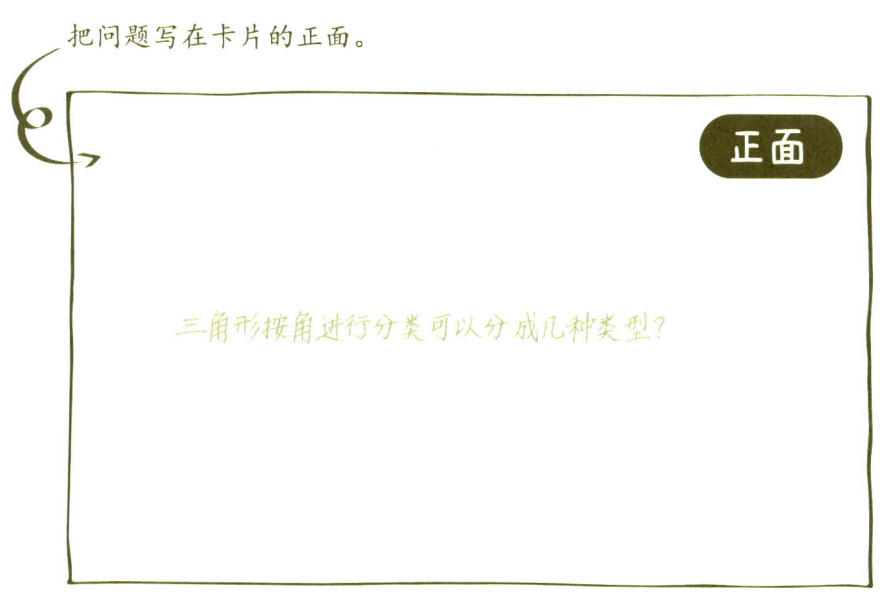

在卡片的背面,写上答案。

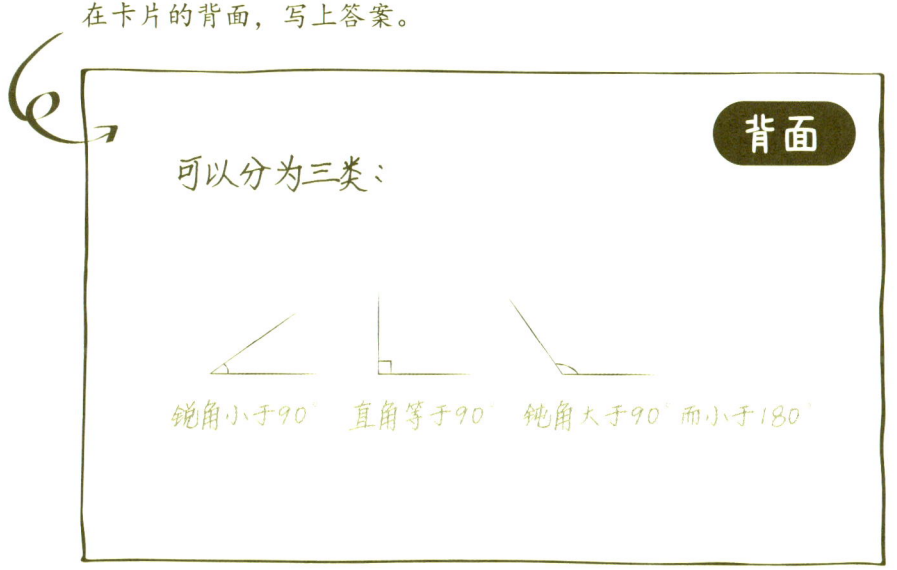

卡片做好后，在接下来的一周时间里，你就能把复习卡片随时带在身上，有空的时候就拿出来看看，或是和小伙伴一起复习。

你可以在课间的操场上或安静的公园里进行复习。

也可以在等公交车或排队的间歇进行复习。

还可以跟小伙伴进行卡片答题竞赛。

或是组建一个卡片复习小组，利用复习卡片一起玩个小游戏。

小贴士

复习卡片越做越多，很容易找不到，这时就要考虑对它们进行收纳整理。你可以把卡片按照科目进行分类，分装在不同的盒子或透明袋里，在上面贴上相应的标签，这样你就能很快找到它们了。

月末自测复习法

> 每个月末进行自我测试,能让你诊断出自己知识的薄弱项,精准了解自己易犯错的知识点。

测试效应

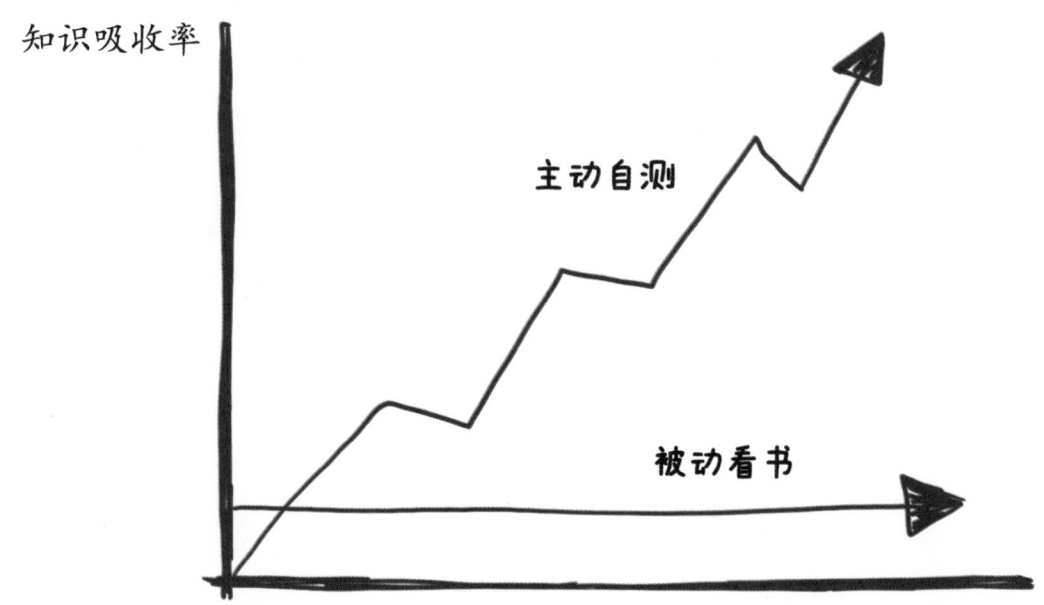

带着测试的目的进行回顾,要比单纯地看一遍书的效果好得多。

步骤1：选取错题

首先，在每个月末，你需要整理一下这个月搜集到的错题，并从中选出9～12道你自己认为更重要的题目，比如易错知识点、典型题、常考题，等等。

如果时间充裕的话，你还可以跟家长聊聊，为什么要挑选这些题目作为更重要的题目。

步骤2：根据选好的错题进行自测

然后，你可以把刚才挑出来的重要题目重新写到一张纸上。这里推荐你一种"九宫格自测表"。它的做法很简单，你只需要在纸上画出9个框，然后把题目写上去，重新做一遍就行了。

3 就像这样

红花比黄花多1/10，那么，黄花比红花少1/（　）。	甲班和乙班共有图书160本，甲班的图书是乙班的3倍，甲、乙两班各有图书多少本？	在下图中涂色，表示出3/5千克。
半径是2厘米的圆，周长与面积比较（　） A.相等 B.无法比较 C.面积比周长大	判断：在一个放大10倍的放大镜下观察一个角，这个角就放大了10倍。（　）	计算334×□1，要使积是五位数，□里最小填（　）。 A.3 B.4 C.9
丁丁沿着100米的直跑道跑了10个来回，共跑了（　）米。	如图1所示，涂色部分面积是大正方形的几分之几？  图1	14个三角形，平均分成3份，每份（　）个，还剩（　）个。

除此之外,你还可以挑战一下"时钟自测表",与"九宫格自测表"不同的是,你需要在规定的时间内完成12道题目。

时钟自测表的操作流程:

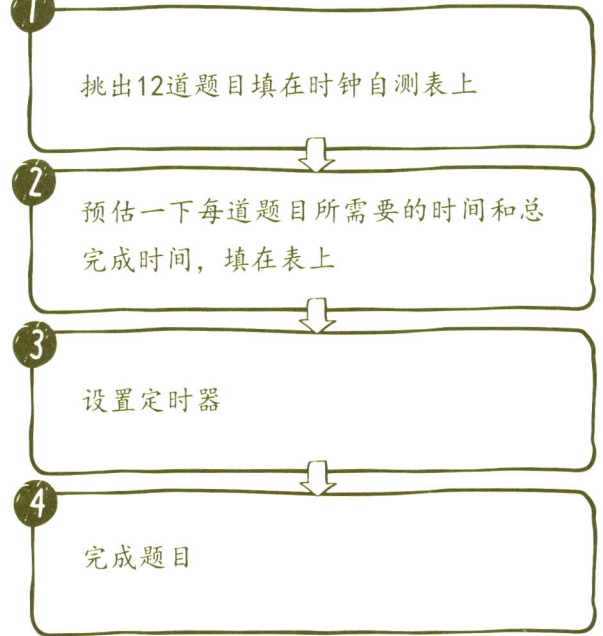

1. 挑出12道题目填在时钟自测表上
2. 预估一下每道题目所需要的时间和总完成时间,填在表上
3. 设置定时器
4. 完成题目

哇,我喜欢挑战!真想马上试试!

如果你按规则完成了任务,题目也都做对了,不妨给自己设置一个奖励,比如买一个心爱的文具。

这里有一张"时钟自测表"推荐给你，让它来帮助你完成本月的自我测试。

看，阿力已经把题目和用时填上了，即将迎接挑战！

时钟自测表

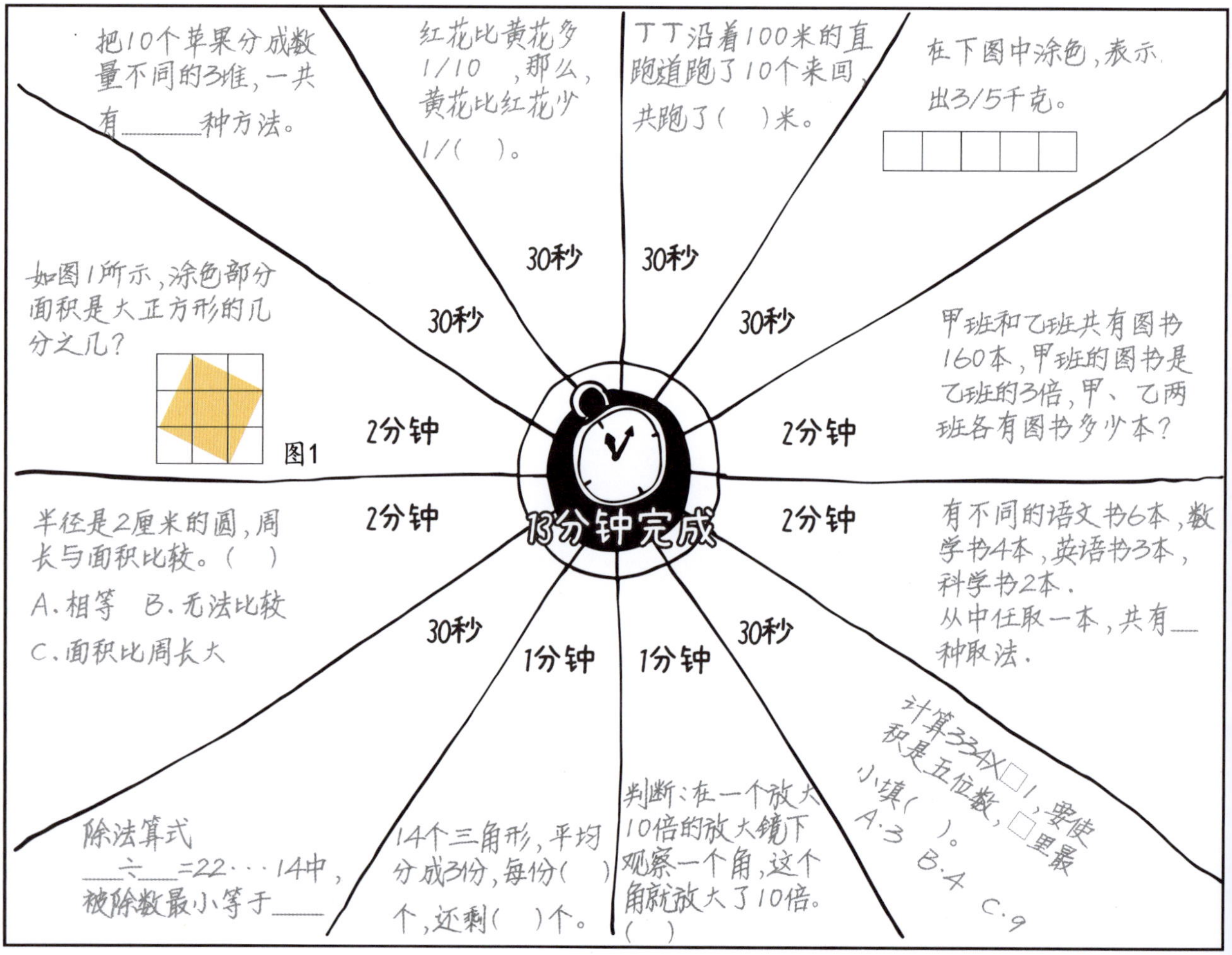

13分钟完成

- 把10个苹果分成数量不同的3堆，一共有____种方法。 （30秒）
- 红花比黄花多1/10，那么，黄花比红花少1/( )。 （30秒）
- TT沿着100米的直跑道跑了10个来回，共跑了( )米。 （30秒）
- 在下图中涂色，表示出3/5千克。 （30秒）
- 如图1所示，涂色部分面积是大正方形的几分之几？ 图1 （2分钟）
- 甲班和乙班共有图书160本，甲班的图书是乙班的3倍，甲、乙两班各有图书多少本？ （2分钟）
- 半径是2厘米的圆，周长与面积比较。( ) A.相等 B.无法比较 C.面积比周长大 （2分钟）
- 有不同的语文书6本，数学书4本，英语书3本，科学书2本。从中任取一本，共有____种取法。 （2分钟）
- 除法算式 ____÷____=22…14中，被除数最小等于____。 （1分钟）
- 14个三角形，平均分成3份，每份( )个，还剩( )个。 （1分钟）
- 判断：在一个放大10倍的放大镜下观察一个角，这个角就放大了10倍。 （1分钟）
- 计算33×□1，要使积是五位数，□里最小填( )。 A.3 B.4 C.9 （30秒）

步骤3：对再次做错的题目进行分析

自测完成后，如果发现仍有错题，那就需要对错题进行具体分析，比如这道题考察的知识点是什么，这道题的解题过程是什么，做错的原因是什么，等等。

如果自己无法弄懂，就找机会去请教别人吧，不要给复习"留尾巴"。

小贴士

针对错题进行不断的复习，能避免你下次再犯同样的错误，更重要的是通过对错题的分析，你对这个知识点就会理解得更透彻了。

下面分享给你一张"月末错题分析表",填好后,你可以把它和复习自测表装订在一起,随时翻阅复习。

就像这样

月末错题分析表

题目类型 和倍问题　　　　**日期** 6.24

原因分析
对知识点掌握不熟

知识点归纳
含义:
已知两个数的和及大数是小数的几倍(或小数是大数的几分之几),要求这两个数各是多少,这类应用题叫作和倍问题。

数量关系:
总和÷(几倍+1)=较小的数
总和-较小的数=较大的数
较小的数×几倍=较大的数

题目
甲班和乙班共有图书160本,甲班的图书是乙班的3倍,甲、乙两班各有图书多少本?

正确解法
解:设乙班的图书本数为x本,甲班的图书本数是3x本
3x+x=160
4x=160
x=40
3x=3×40=120
答:甲班的图书本数为120本,乙班的图书本数为40本。

考前时间计划法

考前时间计划法能帮你做出合理的考前计划，为考试留出充分的复习时间，让每个知识点都能复习到位，减轻你复习期间的压力。

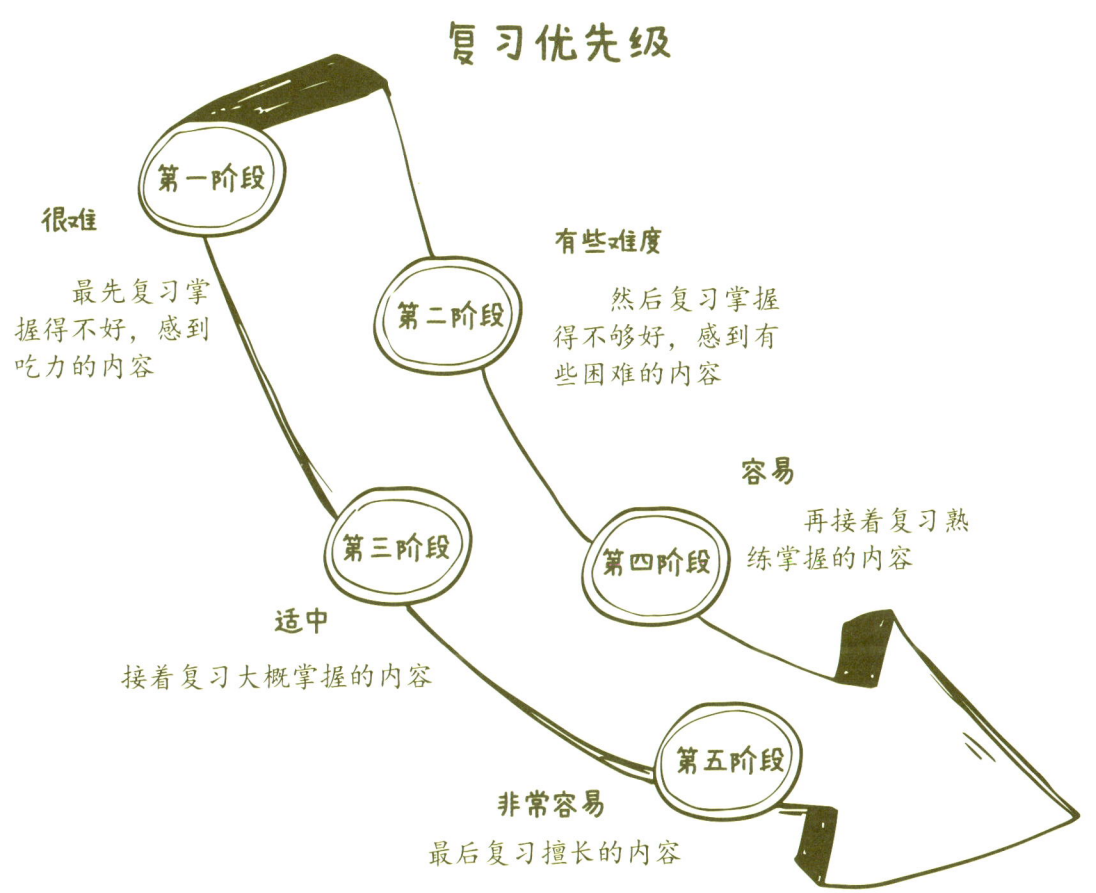

复习优先级

第一阶段 —— 很难：最先复习掌握得不好，感到吃力的内容

第二阶段 —— 有些难度：然后复习掌握得不够好，感到有些困难的内容

第三阶段 —— 适中：接着复习大概掌握的内容

第四阶段 —— 容易：再接着复习熟练掌握的内容

第五阶段 —— 非常容易：最后复习擅长的内容

可是,每次考试我都做了计划啊,怎么成绩还是那么糟糕?

我猜,你做的计划让人无从下手!

考试前合理安排计划需包含完成计划的起止时间和任务量。如果你的计划又大又空,还模糊,那你的计划执行情况是可想而知的。

那样行吗?如果6月6号那天你复习不完呢?

正南,你看我的考前计划做得怎么样?6月7号考古诗,我计划6月6号复习,是不是正好?

所以,在考试前,制订一份科学有效的计划非常重要。

下面,就让我们看看如何制订一份考前计划吧!

每次考试前要复习的内容都很多，但并不是所有的内容都需要花费同样的复习时间。所以，你最好给要复习的内容排个优先级。

首先，
了解一下优先级
是如何划分的！

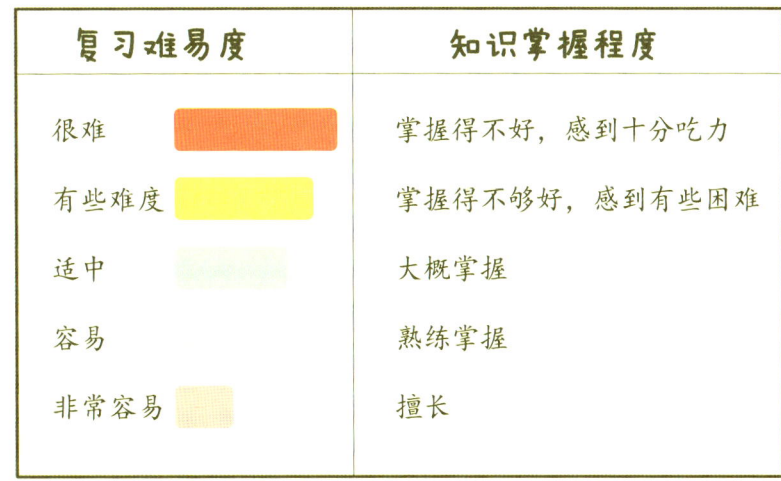

然后，你就可以根据自己的学习情况对要复习的内容进行优先级排序了。

 比如

语文		数学		英语	
要复习的内容	优先级	要复习的内容	优先级	要复习的内容	优先级
课文	很难	应用题	很难	语法	很难
作文	有些难度	图形与几何	有些难度	阅读	有些难度
阅读	适中	计算	适中	作文	适中
古诗	容易	例题	容易	句子	容易
生字	非常容易	公式	非常容易	单词	非常容易

接下来,把要复习的内容列在一张计划表里。你可以为有难度的内容分配更多的复习时间,先攻克难点,把那些难以理解的知识先搞定,这样越往后就会越轻松。

现在,设想一下考试时间是7月5日,如果要预留1个月的时间去复习,那么你就可以从7月4日倒推30天,把要复习的内容按照优先级分成5个阶段去规划。

这里有一张"考前30天复习计划"推荐给你，记得把有难度的内容多分配些复习时间，先完成最难的，擅长的内容放到最后去复习。

考前30天复习计划

考试时间：7月5日

请根据复习优先级，在你计划复习的天数上涂上对应的颜色。

▬ 很难　　▬ 有些难度　　▬ 适中　　▬ 容易　　▬ 非常容易

完成每天的复习内容后，请在方框内打√。

30 日期:6月5号	29 日期:6月6号	28 日期:6月7号	27 日期:6月8号	26 日期:6月9号	25 日期:6月10号	24 日期:6月11号
语文:课文 数学:应用题 英语:语法 □	语文:课文 数学:应用题 英语:语法 □	语文:课文 数学:应用题 英语:语法 □	语文:课文 数学:应用题 英语:语法 □	语文:课文 数学:应用题 英语:语法 □	语文:课文 数学:应用题 英语:语法 □	语文:课文 数学:应用题 英语:语法 □

23 日期:6月12号	22 日期:6月13号	21 日期:6月14号	**第一阶段** 最先复习掌握得不好，感到十分吃力的内容。	19 日期:6月16号	18 日期:6月17号	17 日期:6月18号
语文:课文 数学:应用题 英语:语法 □	语文:课文 数学:应用题 英语:语法 □	语文:课文 数学:应用题 英语:语法 □		语文:作文 数学:图形与几何 英语:阅读 □	语文:作文 数学:图形与几何 英语:阅读 □	语文:作文 数学:图形与几何 英语:阅读 □

16 日期:6月19号	15 日期:6月20号	14 日期:6月21号	13 日期:6月22号	**第二阶段** 然后复习掌握得不够好，感到有些困难的内容。	11 日期:6月24号	10 日期:6月25号
语文:作文 数学:图形与几何 英语:阅读 □	语文:作文 数学:图形与几何 英语:阅读 □	语文:作文 数学:图形与几何 英语:阅读 □	语文:作文 数学:图形与几何 英语:阅读 □		语文:阅读 数学:计算 英语:作文 □	语文:阅读 数学:计算 英语:作文 □

9 日期:6月26号	8 日期:6月27号	7 日期:6月28号	**第三阶段** 接着复习大概掌握的内容。	5 日期:6月30号	4 日期:7月1号	3 日期:7月	**第四阶段** 再接着复习熟练掌握的内容。
语文:阅读 数学:计算 英语:作文 □	语文:阅读 数学:计算 英语:作文 □	语文:阅读 数学:计算 英语:作文 □		语文:古诗 数学:例题 英语:句子 □	语文:古诗 数学:例题 英语:句子 □	语文:古诗 数学:例题 英语:句子 □	

2 日期:7月3号	1 日期:7月4号	**第五阶段** 最后复习擅长的内容。	复习优先级： 最先复习 ↓ 最后复习	掌握得不好，感到十分吃力的内容 ▬ 掌握得不够好，感到有些困难的内容 ▬ 大概掌握的内容 ▬ 熟练掌握的内容 ▬ 擅长的内容 ▬
语文:生字 数学:公式 英语:单词 □	语文:生字 数学:公式 英语:单词 □			

4种高效复习法

对当天所学的新知识进行过滤，巩固新知识。

针对性的自我测试，查缺补漏。

日常检视复习法

周末分类复习法

月末自测法

考前计划法

把一周所学的知识进行分类，方便日后的查找和复习。

合理制订考前计划，让每个知识点都能复习到位。

刻意练习，成为专项小专家

你在学习中是不是也是这样想的，以为只要多练习，就会有进步，就能把一项学习技能掌握好了。

并且，练习时大多是在重复自己本来就会的东西。

虽然我不想说出这个事实，但——以上的做法并不能让你学会一项技能。

别急,首先你需要知道——要想学会一项技能,跟你的天赋其实没有多大关系,也并不是你学习的时间越长,就能越厉害。

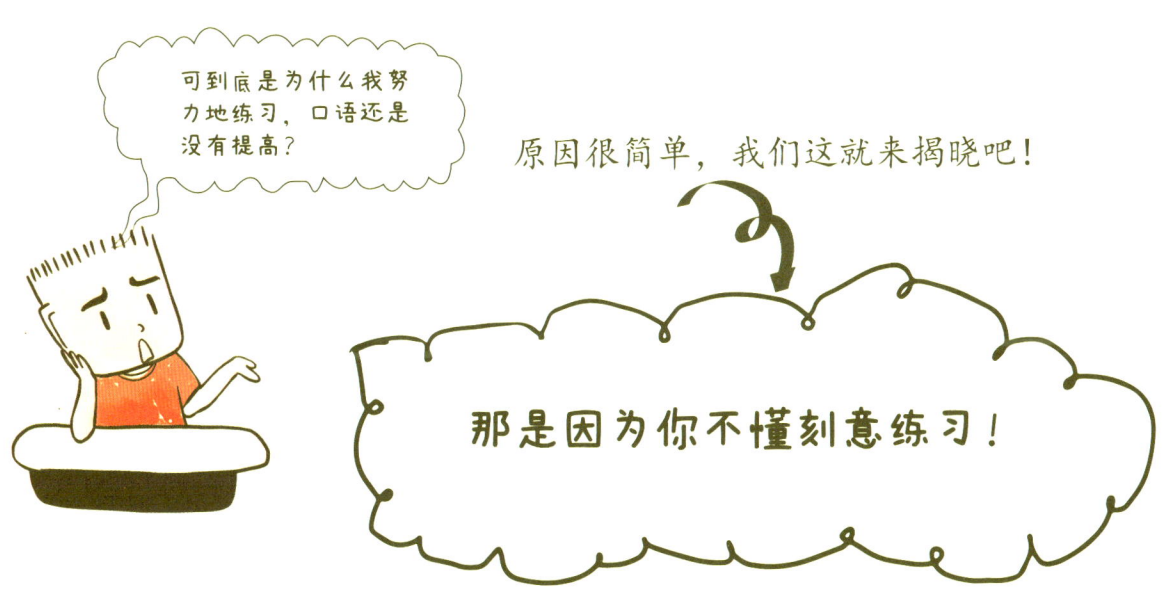

天真的练习 vs 刻意练习

每天你都会练习，对练习应该是不陌生的，但是也许你并没有收到好的效果，因为你都是在做一些天真的练习——也就是练习的过程中只是反复地做同样的事情，不思考做得对不对，能不能做得更好，指望靠那种反复就能学得好。

而刻意练习是反馈式的练习，并且让你根据反馈进行相应的调整。它告诉你，在学习过程中只有及时、持续地反馈，才会产生好的学习效果。

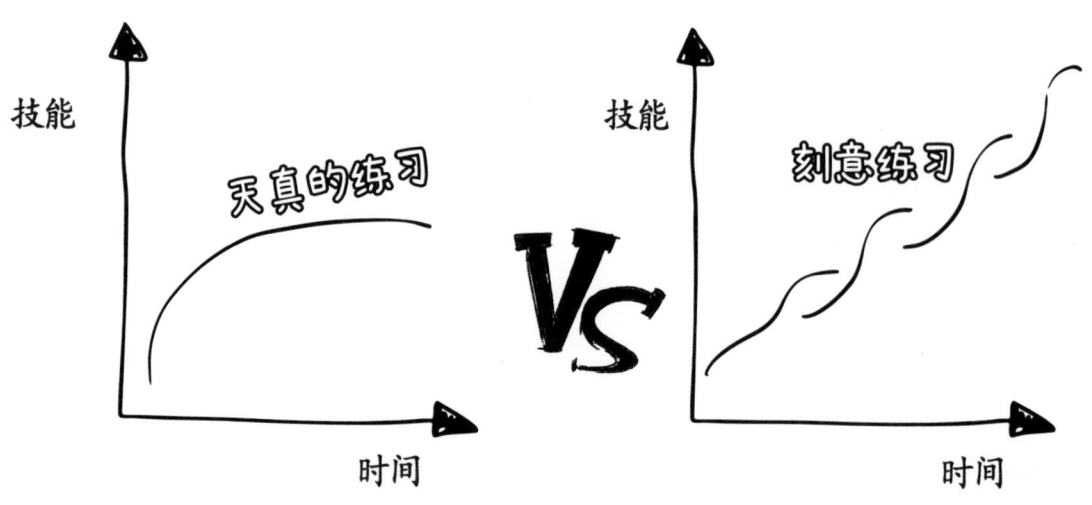

天真的练习本身并不能提高能力。　　刻意练习能帮助你突破瓶颈，带来新的知识和技能。

刻意练习6步法

> 刻意练习6步法能帮助你将大目标拆解为若干个小目标,根据每个小目标去逐一训练,让你通过及时反馈发现不足并加以改进,保证你每一次的训练都能比上一次做得更好。

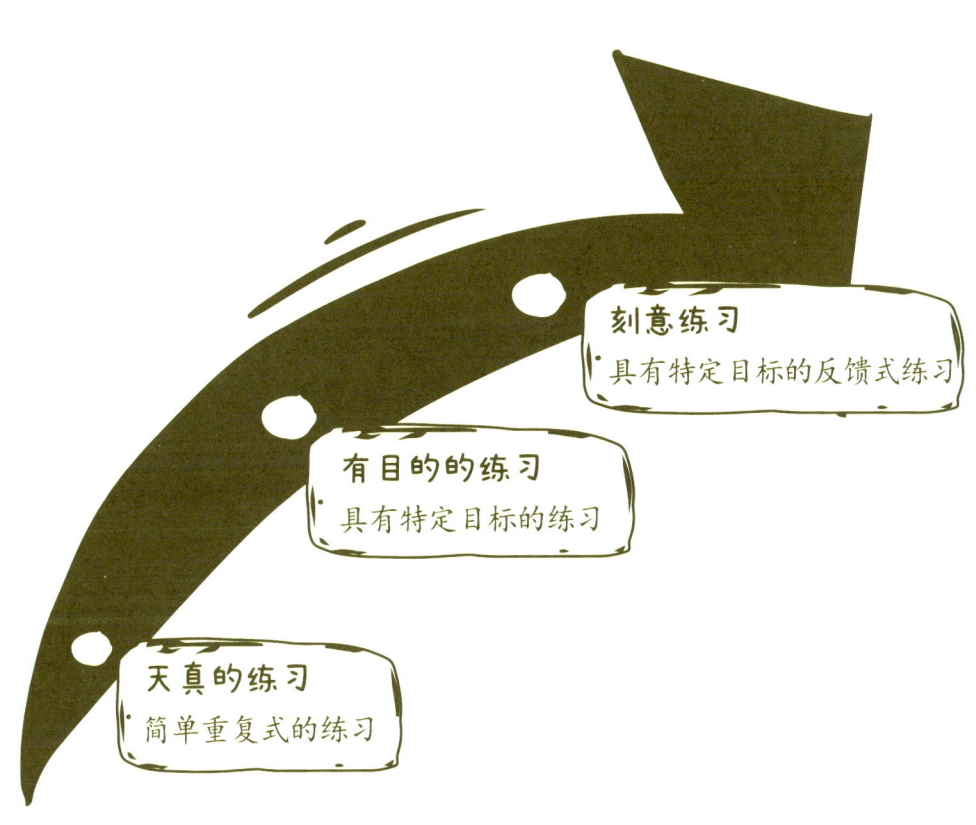

刻意练习
具有特定目标的反馈式练习

有目的的练习
具有特定目标的练习

天真的练习
简单重复式的练习

别急，在学习这个方法之前，你需要弄清楚什么是技能。

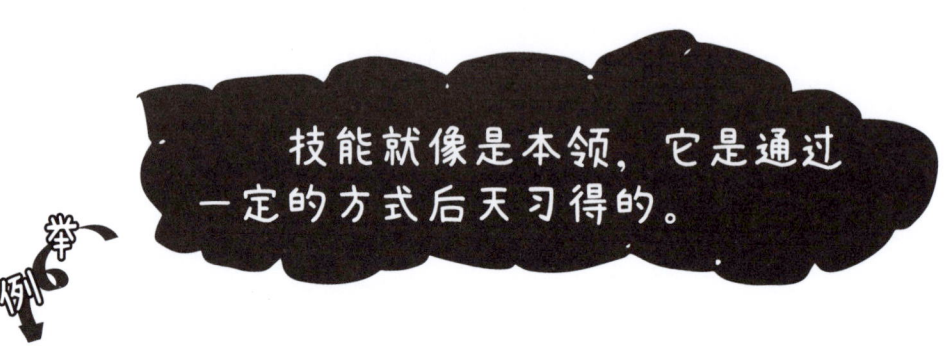

机器人编程

公共演讲

足球射门

写毛笔字

英语口语

瞧，这些都是技能！

你也许还不知道——

学会一项技能会给你自己和别人带来很多好处。

比如，原本胆小腼腆的你在学习了演讲之后，也可以站在台上讲话了，老师和同学们都会对你刮目相看。

又如，学习足球射门虽然不是一件容易的事儿，但是如果你掌握了射门的技能，那么你就可以在比赛中帮助自己的球队去争取胜利。

哇！原来技能带给我的好处这么多呢，真想多学会几项技能！

下面，就让我们看看这个方法具体该怎么做吧。

第1步：设立目标。

设立目标，顾名思义，就是要有学习目标。实践证明，有一个可行的学习目标，可以让你少走不少弯路。

不过——

目标不要设立得过难，如果目标脱离实际，超出自己能力范围的话，恐怕你是难以实现的。

当然，目标也不要设立得太简单。虽然待在舒适区里很舒服，但是待得太久的话，就会让你失去挑战新事物的能力。

既然是目标，那就意味着得有一点点挑战，把目标设立得有些难度，又具有可行性，才能让人不断进步。

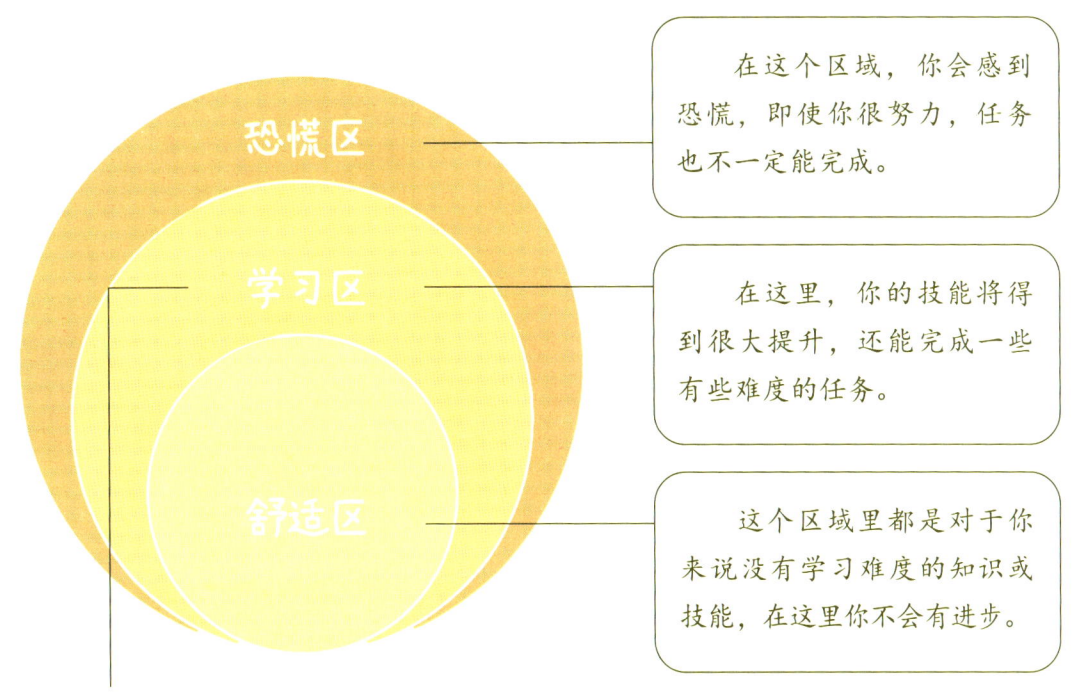

请把目标设在这里！

第2步：制订计划。

然后，为你的目标制订一个计划，你可以将你的目标变成一个个容易实现的小目标，然后逐步实现。

这里推荐你一张"刻意练习计划表"，你可以把你的计划写下来，贴在墙上，时刻提醒自己去完成这个计划。

刻意练习计划表

任务开始时间：4月5日　　预计完成天数
预计完成时间：4月15日　　10天

我计划学会

情景对话30句

我打算什么时候做？

每天晚饭后练习1小时

我将如何去实施我的目标

1. 在前5天跟着原文进行朗读。
2. 第6~8天把答句盖住，看自己能否对着问题流利作答，再查看答案，看回答得是否正确。
3. 第9~10天去正南家，跟他进行模拟对话。

每日计划完成情况追踪

每日任务完成后，就在圆圈里涂上颜色吧。

1 ●	11 ○	21 ○
2 ●	12 ○	22 ○
3 ●	13 ○	23 ○
4 ●	14 ○	24 ○
5 ○	15 ○	25 ○
6 ○	16 ○	26 ○
7 ○	17 ○	27 ○
8 ○	18 ○	28 ○
9 ○	19 ○	29 ○
10 ○	20 ○	30 ○

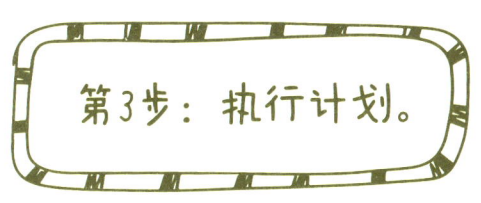

第3步：执行计划。

接下来，你就可以根据你制订好的计划进行练习了。

记住——

进行练习前，要尽可能地屏蔽周围的一切干扰因素。比如，关掉电子设备。如果不关掉，它们就会不停地召唤你：

练习时要保持专注和投入。你可以给自己一点点压力，比如：给自己定时，规定每个时间段完成多少事儿。在此期间，完完全全专心于你的学习。当计时器响起，再去休息一下。

如果只是做了练习，你可能并不知道自己对还是错，错在哪儿，那么这次练习对于你来说并没有意义。

这样不反思、不纠错的练习，最后只是造成了"我很努力"的错觉，其实它们都是无效的学习。

正确的做法是:

{ 你需要对自己的学习情况进行反思,能够认识到自己犯的错误,并及时纠正。 }

现在回想一下......

你在练习中:

发现了哪些漏洞

已经掌握了哪些知识

哪些知识点需要再次练习

哪些知识点还需要增加练习难度

原来刻意练习让我不只是一遍遍做同一件事,而是进行纠正和再次练习!

这里再教你一个非常高效的查找错误的方法。

它的做法非常简单。首先，拿出一张纸和一支笔，把你练习时所犯的错误都列在纸上。

然后，进行一轮自我纠错和再次练习。之后再问问自己，是否已经掌握了这个知识。划掉已经掌握的，剩下的就是你需要继续练习的内容了。

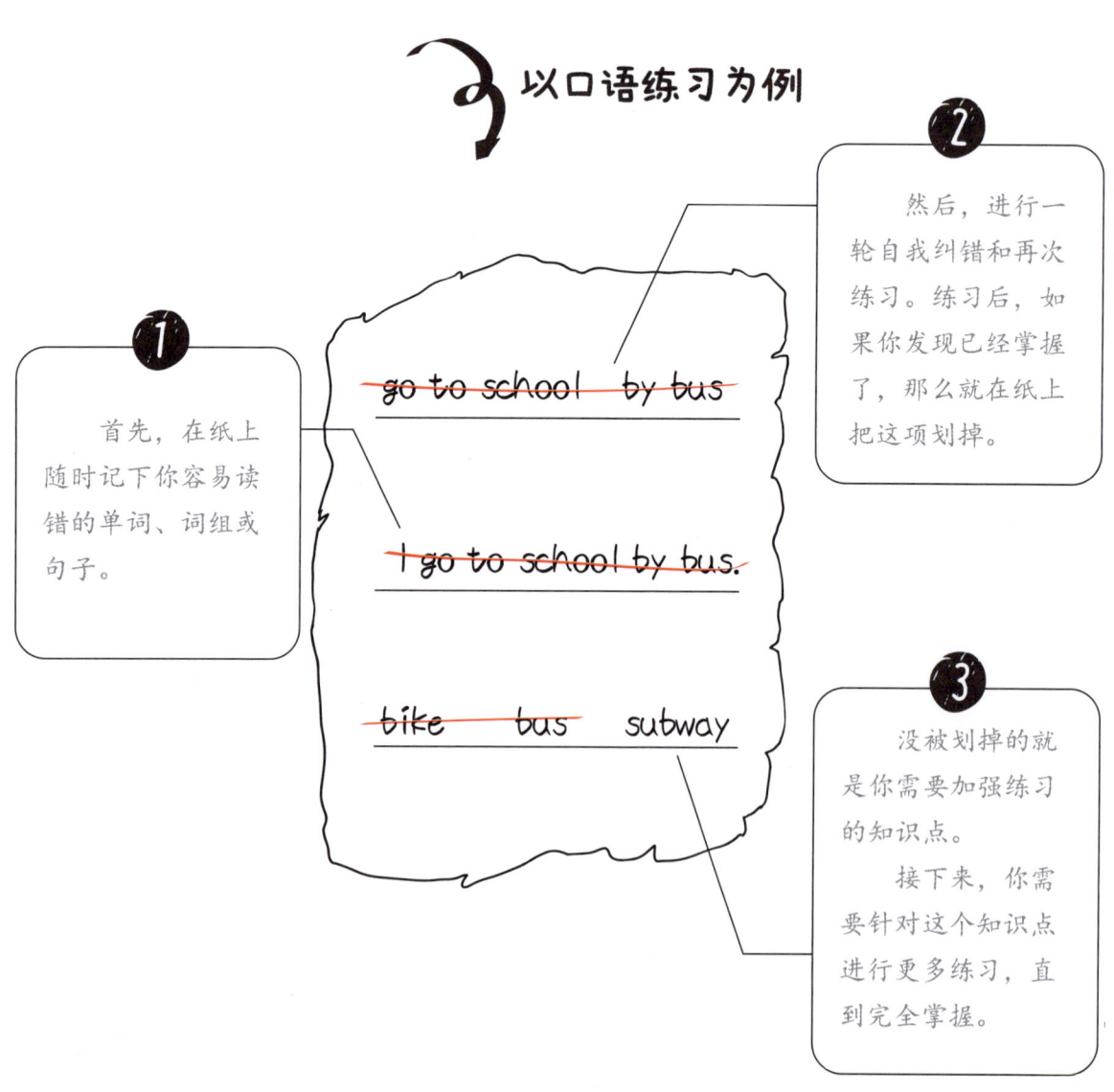

如果时间充足的话，你还可以把纠错的过程写下来。比如写在一张"错误反馈表"上，让它来帮助你分析自己所犯的错误。

看，小川都写好了！

第5步：寻找专业指导。

有时，你也可以寻找一位有一定水平的导师，去获得专业的指导和反馈。

你可能还不知道——在导师的不断反馈和你的不断改正中，你的技能已经在不知不觉中得到了提高。

当然，你还可以结交一些学习上很厉害的人，结交他们不仅能让你从对方身上学到好的经验，还能收获友情呢！

第6步：坚持下去。

纠错，练习，再错，再练习，这个过程将是漫长的，你甚至会遇到很多困难。比如"内心的胆怯"在对你低语：

这时，你要告诉自己"坚持下去"。切记不要认为自己是个大笨蛋或者能力不行。

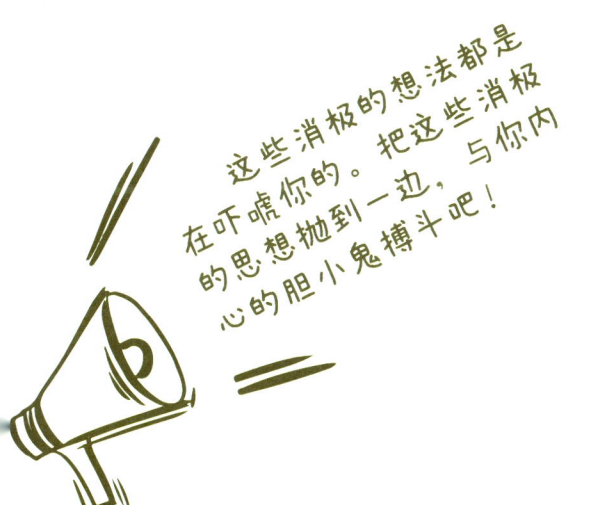

当然，你也可以通过自我激励的方法让自己坚持下去。比如，想象成功。

"只要我……就能……"

练习的时候，你可以在大脑中这样想："只要我……就能……"，这样做其实是在帮助你专注于自己的目标。

只要我把这些句子练会，就能和外国小朋友进行日常对话了！

"当我实现了这个目标，我就……"

另一种是对"实现以后"的想象，也就是想象目标达成后会变成什么样。

哈哈，做"白日梦"也有好处呢……

当我实现了这个目标，我就再也不怕和外国小朋友交流了！

说不定还能做爸爸妈妈的口语小老师呢！

# 画重点

如何进行刻意练习

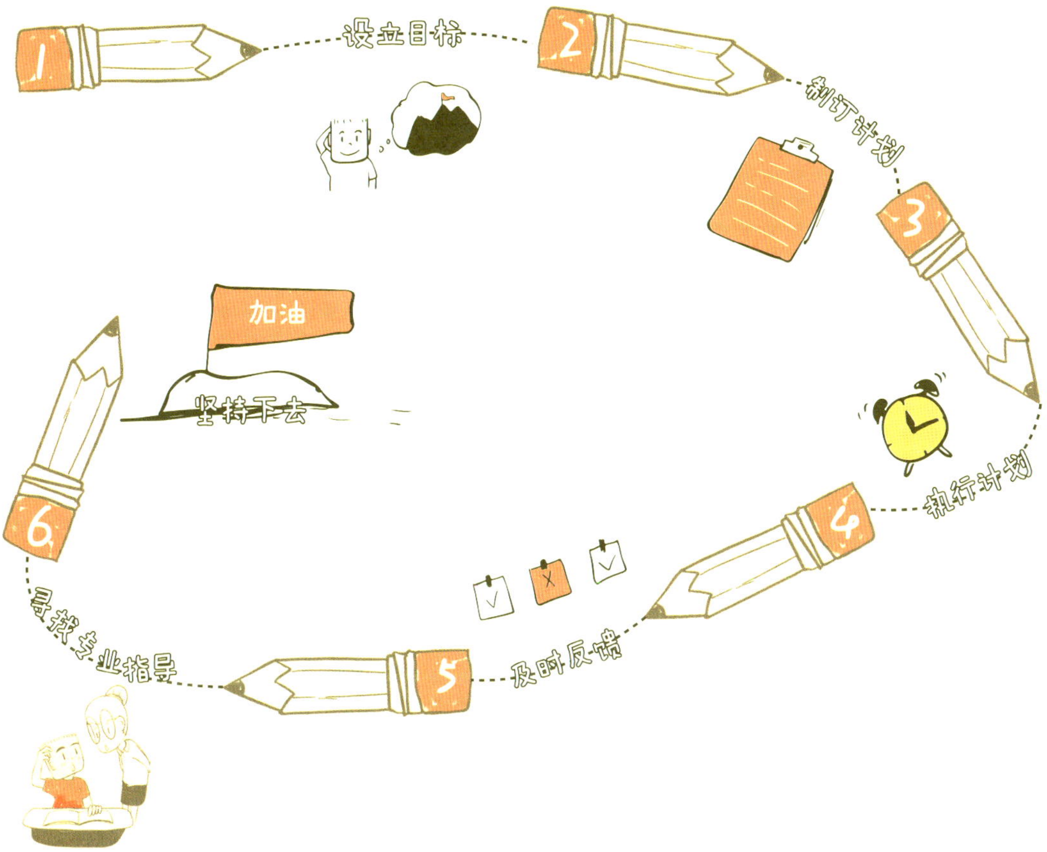

1. 设立目标
2. 制订计划
3. 执行计划
4. 及时反馈
5. 寻找专业指导
6. 坚持下去

步骤3：制作复习卡片

接下来，你就可以把刚刚梳理好的重难点、易错点知识记在卡片上。卡片虽小，作用却很大，它不仅能帮助你巩固一周所学的知识，还能让知识和游戏结合起来，提升你复习的乐趣和动力。

下面就和你分享两种复习卡片的制作方法，快来一起看看吧！

要点卡展示：

第一种为要点卡，它的做法很简单，你只需要把要记的内容以要点、图形等形式记在卡片上即可。

> 修辞：
> 1. 比喻：把一物比作另一物，例如，月亮像小船。
> 2. 拟人：把物当作人一样有感情，例如，蝴蝶在跳舞。

罗列要点时，要把序号标清楚。

画图能让你记得更深刻。

直角和锐角拼出来的角一定是钝角：

150°
60°

叠词
AABB式　ABCC式
隐隐约约　朦朦胧胧　金光闪闪　秋风习习

可以利用图形工具去思考和记忆。

学习平衡轮，对偏科说再见

呃，你是不是也说过类似的话？

对于不擅长的科目的反应是：太难了，完全不得要领，或者认为弱项是天生的，这是无法改变的事实。

就像小美一样，虽然她也尝试了学习数学，可是没坚持10分钟就放弃了。她不知道——对于不擅长的科目，越逃避越不学，就会越差。

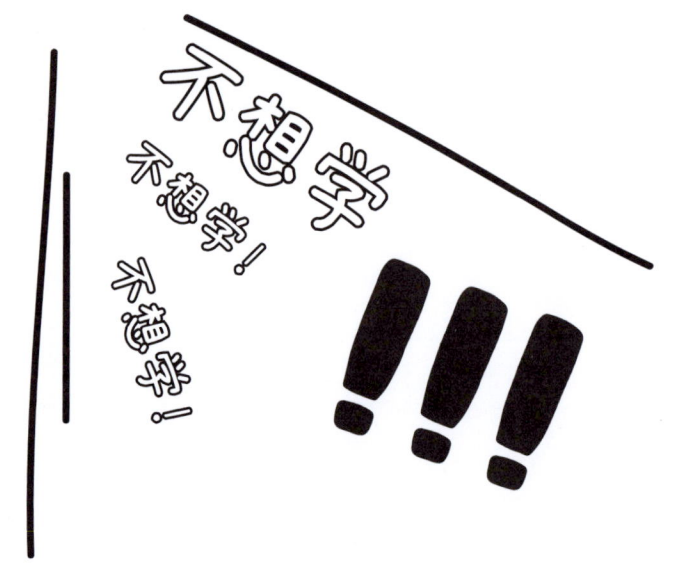

也许你还没发现，这个不擅长的科目会给你带来很多限制，影响你的综合发展。

木桶效应

一只木桶盛水的多少,并不取决于桶壁上最高的那块木板,而恰恰取决于它最短的那块木板。本来可以装满一桶水的,却因为一个木板短了,只能装半桶水甚至半桶都不到。

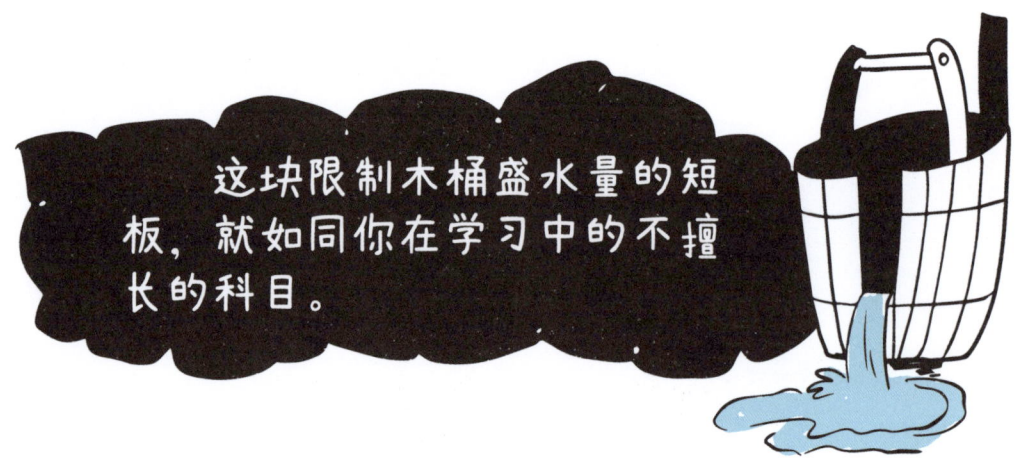

这块限制木桶盛水量的短板,就如同你在学习中的不擅长的科目。

所以,越是你不擅长的科目,就越需要你鼓起勇气,多花些时间和精力去面对它。

好消息是——

短板也可以补长，只要你不放弃努力，知识的木桶也就会有越来越大的容量！

哇！也就是说现在数学学不好，并不意味着数学永远都学不好，这一切都是可以改变的！

要想改善自己不擅长的科目，你可以从这两点试试：

> 1. 找到薄弱环节，制订补救计划。

> 2. 把学会的内容积累起来。

翻到下一页，看看具体怎么做吧！

平衡轮自检法

> 平衡轮自检法能帮你能直观地描绘出你不擅长科目的现状,准确地找出学习中的薄弱环节,并以此制订合理的补救计划。

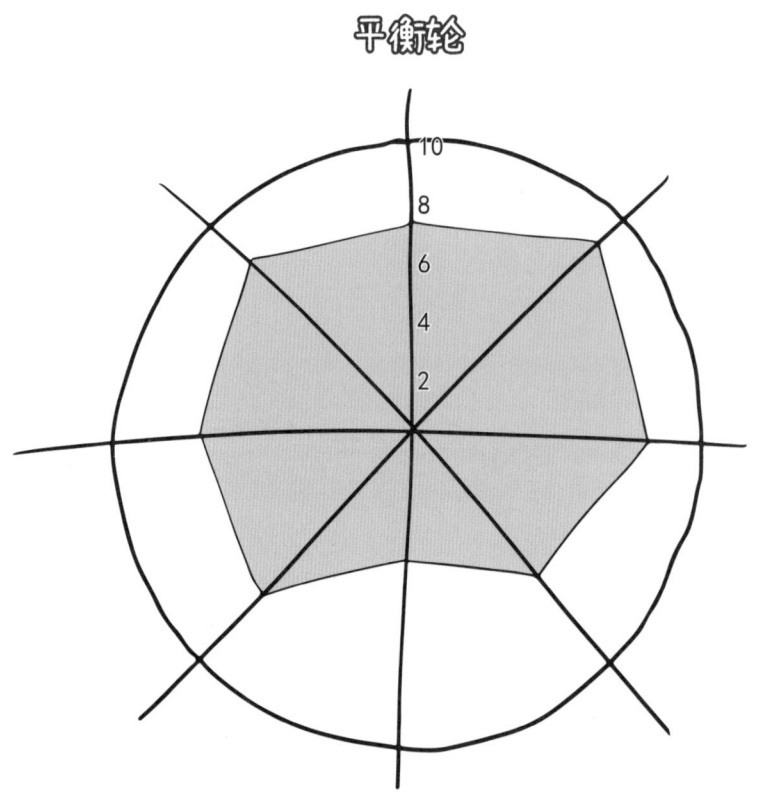

要想实现目标,需要每个相关的重要方面都能平衡发展。

哇,我真是迫不及待地想试试这个方法了。那具体该怎么做呢?

一起看看

步骤1:找出学科现阶段需要掌握的主要内容

首先,确定自己不擅长的科目是什么。然后,每个月末,你可以翻开课本,想一想这门科目在这一个月里都主要讲了哪些方面的内容,并把它们列出来。

- 大数的认识
- 亿以上数的读法
- 亿以上数的写法
- 计数单位
- 自然数和整数
- 十进制计数法
- 比较数的大小
- 求近似数
- ……

列出这一阶段学的主要内容,能让我从这些方面先入手,对知识的掌握情况进行一次分析。

步骤2：绘制一个学习平衡轮

列出学科现阶段讲的主要内容后，你就可以绘制一个学习平衡轮。

你需要针对每一格，问问自己："现在我对这个方面的掌握程度是怎样的？"用1~10分打分。

（轮盘图，标注：认识更大的数、自然数和整数、亿以上数的读法、计数单位、十进制计数法）

首先，用圆规和尺子给圆平均分成几等份，比如，如果你找到8个方面的内容，那么就给圆平分成8份，依此类推。分好后，把内容的名称写在每一格前面。

掌握得很好，还能讲给别人听	8~10分
大概掌握，能看懂大部分内容，有些地方掌握得还不够熟练	5~7分
尚未掌握，看不懂大部分内容，有很多疑惑	1~4分

然后，以1点为圆心，自内向外画出10个同心圆，并在圆上依次标注出1、2、3、4、5、6、7、8、9、10十个数字。

嗯，我觉得十进制计数法，我掌握得不错，可以打8分，认识更大的数、亿以上数的写法，打7分，亿以上的读法6分。

其他的掌握得就不是很好了，求近似数5分，自然数和整数、计数单位4分，比较数的大小3分吧。

步骤3：运转学习平衡轮

根据刚才的打分，你可以挑选自己喜欢的颜色给平衡轮的各项涂色。这时，注视自己的平衡轮，问问自己："我的平衡轮能够转起来吗？"

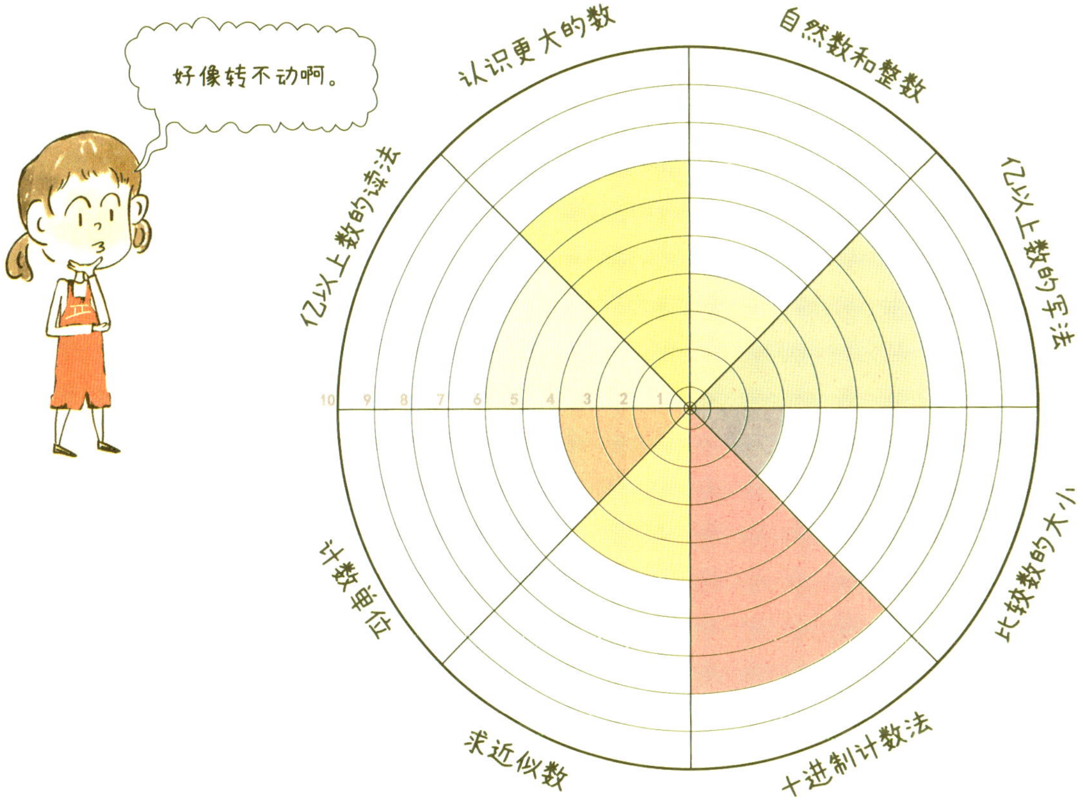

别急，让我们看看怎样才能让它转起来吧！

步骤4：对学习平衡轮进行分析

下面，请对你的学习平衡轮做一个分析。你可以想想，目前这门科目哪些方面掌握得还不够好以及下一步的补救计划。

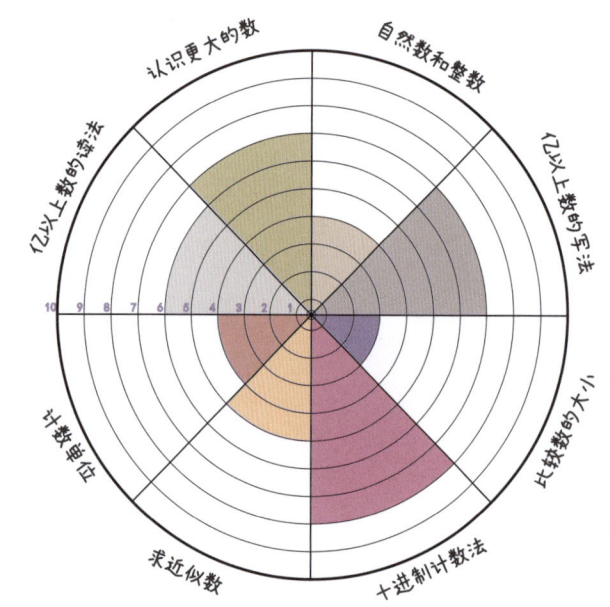

学习平衡轮

1. 从平衡轮中我注意到了什么？

我发现自己对大数的认识、十进制计数法掌握得还不错，自然数和整数、计数单位、比较数的大小掌握得不太好。

2. 我想马上改变哪个方面？

比较数的大小。

3. 我的补救计划是什么？

每天放学后做5道比较数的大小的典型题。

只要把薄弱环节补上，平衡轮就能转了。

画重点

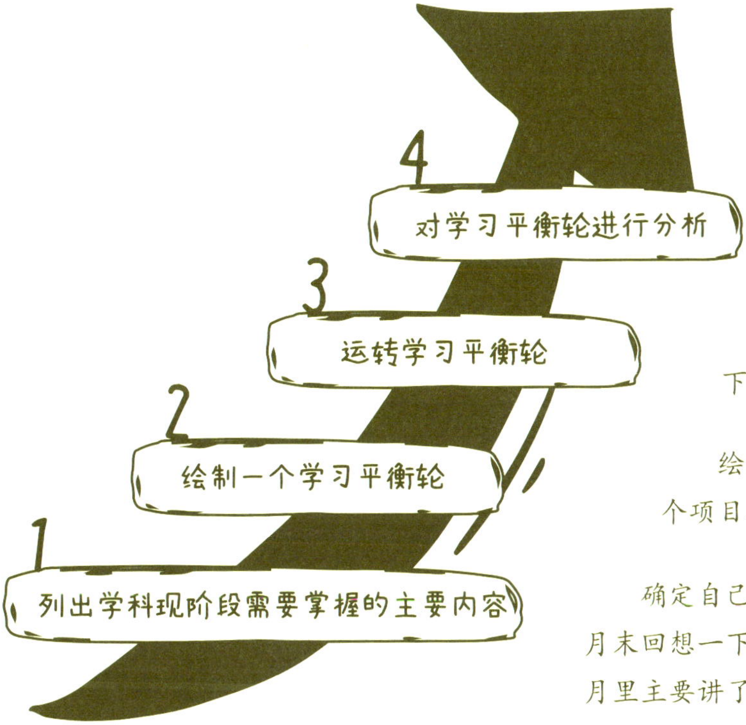

4. 对学习平衡轮进行分析

3. 运转学习平衡轮

2. 绘制一个学习平衡轮

1. 列出学科现阶段需要掌握的主要内容

根据学习平衡轮上显示的信息,找到自己学习的薄弱环节,制订补救计划。

给学习平衡轮涂色,思考一下,它是否能够转起来。

绘制一个学习平衡轮,给每个项目打分。

确定自己不擅长的科目。每个月末回想一下,这个科目在这一个月里主要讲了哪些方面的内容。

学习储蓄法

学习储蓄法告诉你,学习就是一个储蓄的过程,每天积累一点知识,会帮助你消除对不擅长科目的畏惧,让你循序渐进地攻克这门科目。

学习=储蓄

> 哇，这么棒！我真是太需要这个方法了！那我该怎么做呢？

它的方法非常简单，你只需要掌握好两个要点就好了。

要点1——  回顾每天学会的内容

在每天的作业完成后，你可以花几分钟时间思考一下，对于不擅长的科目，自己今天都学会了什么内容——可以是一个知识点、一道典型题或关键解题思路。

小贴士

如果你今天还没有新学会的内容，那你也可以回顾一下以前学会的知识。类似的成功体验，也会让你渐渐恢复自信心。

要点2—— 把学会的内容存起来

如果你能把每天学会的内容记在一个专属的本子上，那是最好不过了。这就像是在给学习做"储蓄"。

你可以像存钱那样把知识也存起来。其实，学习只是看不见的储蓄，你投入的每份努力、积累的每个知识都不会白费。

每个周末，你可以计算一下本周积累了多少知识。你还可以跟你的爸爸妈妈一起设置个积分兑换清单，让他们一起来见证你的进步。

积分兑换清单

10积分可换	1支棒棒糖	1支自动铅笔
15积分可换	半小时卡通片	1支冰激凌
35积分可换	吃一顿肯德基	卡通纽扣本
50积分可换	跟妈妈看一场电影	1个独角兽公仔盲盒
100积分可换	跟爸爸去攀岩馆	魔法学院拼图

这里推荐你一份"学习储蓄存折",你可以把它同"积分兑换记录"一起使用。到了周末,去兑换一次自己喜欢的礼物,注意,平时可不能提取哟!

学习储蓄存折

姓名: 小美 (来为自己画个头像吧。)

日期	内容 (写一写你今天学会的内容。)	存入 (在相应的积分上打钩。)	余额 (还剩多少积分?)	操作员 (请家长签个字吧。)
9月5日	把单位"1"平均分成若干份,表示这样的一份或者几份的数叫作分数。	关键解题思路 5分 典型题 3分 知识点 2分 ✓	2分	小美妈妈
9月6日	交换相乘,能让运算更快。 1.25×0.25×8×4 =(1.25×8)×(0.25×4) =10×1 =10	关键解题思路 5分 ✓ 典型题 3分 知识点 2分	7分	小美妈妈
9月7日	两个自然数比较大小,位数多的数一定大。	关键解题思路 5分 典型题 3分 ✓ 知识点 2分	12分	小美妈妈
9月8日	相加法 半圆的面积+正方形的面积=总面积	关键解题思路 5分 典型题 3分 ✓ 知识点 2分	15分	小美妈妈
9月9日	梯形面积=平行四边形面积÷2 =(上底+下底)×高÷2	关键解题思路 5分 ✓ 典型题 3分 知识点 2分	2分	

> 礼物兑换后,积分也要进行扣除。剩余积分可以留到以后使用。

积分兑换记录

日期	9月9日			
兑换礼物 (想要兑换什么礼物?)	看半个小时卡通片			
支取 (用了多少积分?)	15分			
操作员 (请家长签个字吧。)	小美妈妈			

> 每个周末,你可以用自己攒下的积分去兑换一次礼物。你也可以把积分攒到一起,等到月底去兑换更大的礼物。

> 别忘了,兑掉的积分要在余额里进行相应地扣除哟。

回顾每天学会的内容

想一想对于不擅长的科目，自己今天都学会了什么内容。

把学会的内容存起来

像存钱那样把学会的内容存起来，记在"学习储蓄存折"上。